2022 年度秦皇岛市社会科学发展研究课题"产教
物流人才培养与区域产业经济发展的适应性研究"
2022LX196。

高职现代物流管理专业建设与人才培养研究

侯宝燕　著

北京工业大学出版社

图书在版编目（CIP）数据

高职现代物流管理专业建设与人才培养研究 / 侯宝
燕著 . — 北京：北京工业大学出版社，2022.10
　　ISBN 978-7-5639-8432-9

　　Ⅰ．①高…　Ⅱ．①侯…　Ⅲ．①高等职业教育－物流管
理－学科建设－研究－中国②高等职业教育－物流管理－
人才培养－研究－中国　Ⅳ．① F252.1

中国版本图书馆 CIP 数据核字（2022）第 185654 号

高职现代物流管理专业建设与人才培养研究

GAOZHI XIANDAI WULIU GUANLI ZHUANYE JIANSHE YU RENCAI PEIYANG YANJIU

著　　者：	侯宝燕
责任编辑：	吴秋明
封面设计：	知更壹点
出版发行：	北京工业大学出版社
	（北京市朝阳区平乐园 100 号　邮编：100124）
	010-67391722（传真）　bgdcbs@sina.com
经销单位：	全国各地新华书店
承印单位：	北京银宝丰印刷设计有限公司
开　　本：	710 毫米 ×1000 毫米　1/16
印　　张：	11
字　　数：	220 千字
版　　次：	2022 年 10 月第 1 版
印　　次：	2022 年 10 月第 1 次印刷
标准书号：	ISBN 978-7-5639-8432-9
定　　价：	72.00 元

作 者 简 介

侯宝燕，女，1988 年 8 月出生，河北对外经贸职业学院讲师，大连交通大学硕士研究生，主要研究方向：物流与供应链管理。近年来主要讲授"仓储管理与实务""物流运输与配送""采购与库存控制""物流信息技术与管理"等课程，主讲的"仓储管理与实务"荣获河北省职业教育精品在线开放课程二等奖。在《舰船科学技术》《物流工程与管理》《商场现代化》等期刊上发表论文 7 篇，获得全国物流职业教育教学成果奖三等奖，获得河北省高等职业教育教学成果奖二等奖，获得秦皇岛市社会科学优秀成果奖一等奖和二等奖各 1 次，主持并完成市级、院级课题各 1 项，参与省级课题 2 项、市级课题 1 项、院级课题 2 项，担任副主编的教材 2 部，参编教材 1 部，指导学生参加物流相关竞赛多次获得全国一等奖。

前　　言

　　高职院校作为理论知识与实用技能兼具的人才输出地，担负着培养与企业要求相符合的人才的重要任务。在智慧物流的概念引入后，高职院校现代物流管理专业建设的进程逐渐加快，物流管理人才教育市场的竞争也日趋激烈。如何创出特色，打造自身品牌，成为高职院校现代物流管理专业建设的重中之重。

　　全书共九章。第一章为绪论，主要阐述了高职现代物流管理专业的定位、高职现代物流管理专业建设的目标、高职现代物流管理专业人才培养的必要性、高职现代物流管理专业建设与人才培养现状等内容；第二章为高职现代物流管理专业建设的基本构想，主要阐述了高职现代物流管理专业建设的理论基础，高职现代物流管理专业建设的保障体系，高职现代物流管理专业建设的评价、反馈体系等内容；第三章为高职现代物流管理专业的课程体系建设，主要阐述了高职现代物流管理专业课程体系存在的问题、高职现代物流管理专业课程体系建设目标、高职现代物流管理专业课程体系建设要求、高职现代物流管理专业课程体系建设思路等内容；第四章为高职现代物流管理专业的实践教学，主要阐述了高职现代物流管理专业加强实践教学的意义，"校企合作、产教融合"背景下高职现代物流管理专业实践教学体系的构建，高职现代物流管理专业相关课程的实践教学等内容；第五章为高职现代物流管理专业的人才培养目标，主要阐述了智慧物流背景下高职现代物流管理专业人才的需求、高职现代物流管理专业人才培养面临的挑战、高职现代物流管理专业人才培养的目标定位等内容；第六章为高职现代物流管理专业的人才培养模式，主要阐述了高职现代物流管理专业人才培养模式构成要素、国外物流管理人才培养模式、国内高职现代物流管理专业人才培养模式等内容；第七章为高职现代物流管理专业的人才培养策略，主要阐述了高职现代物流管理专业人才培养方案、高职现代物流管理专业人才培养优化策略、产教融合背景下高职现代物流管理专业人才培养优化策略等内容；第八章为"1+X"证书制度下高职现代物流管理专业建设，主要阐述了"1+X"证书制度、"1+X"证书制度下高职现代物流管理专业学生职业能力培养、"1+X"证书制度下高职现代物流管理专业建设推进、"1+X"证书制度下高职现代物流管理专业"双师型"

教师队伍建设等内容；第九章为高职现代物流管理专业教学模式，主要阐述了任务驱动教学模式的探索与应用、项目教学模式的探索与应用、混合式教学模式的探索与应用、工作过程导向教学模式的探索与应用、参与式教学模式的探索与应用等内容。

为了确保研究内容的丰富性和多样性，笔者在写作过程中参考了大量理论与研究文献，在此向涉及的专家学者表示衷心的感谢。

最后，限于笔者水平，本书难免存在一些不足之处，在此，恳请同行专家和读者朋友批评指正！

目　录

第一章　绪论

随着市场经济的发展和物流人才需求的增长，近年来很多高职院校开设了现代物流管理专业。本章分为高职现代物流管理专业的定位、高职现代物流管理专业建设的目标、高职现代物流管理专业人才培养的必要性、高职现代物流管理专业建设与人才培养现状四部分。

第一节　高职现代物流管理专业的定位

一、高职院校概述

（一）高职院校的概念

高职，即高等职业教育的简称，其区别于同层级中的本科教育和研究生教育。首先它属于高等教育层次，其次它是具有实践性的技术教育，最后它是具有职业性的教育高级阶段。根据《教育大辞典》中的阐述，高等职业教育属于第三层次的职业教育和技术教育，包括就业前的职业技术教育和从业后的有关继续教育，但按照联合国教科文组织《国际教育标准分类》（简称 ISCED）中的分类，大学教育分为学术性为主教育（5A）和技术性为主教育（5B），二者存在一定的差别，其中普通高等教育强调学术型人才培养，而高等职业技术教育强调技术型应用性人才培养。《中华人民共和国职业教育法》规定中等职业学校教育由高级中等教育层次的中等职业学校（含技工学校）实施；高等职业学校教育由专科、本科及以上教育层次的高等职业学校和普通高等学校实施。1998 年《中华人民共和国高等教育法》颁布，其中第 68 条规定："本法所称高等学校是指大学、独立设置的学院和高等专科学校，其中包括高等职业学校和成人高等学校。"

综上，高职院校就是根据国家政策与社会经济发展需求对在校生实施专业知识以及技能培训，为社会发展输送一线高水平应用型技能人才的学校。

（二）高职院校与政府

从我国高等教育发展历程来看，政府在其中承担着举足轻重的角色，集举办者、管理者、监督者于一身。政府作为高等职业院校最大的开发者和参与者，对高职院校运行和发展的重要战略性决策仍然具有行政约束权，即政府通过政策、财政、人事、资源等行政和法律手段对高职院校进行引导和管理。在计划经济体制下，政府集权力于一身，即与高职院校是命令和服从的行政关系。伴随市场经济体制的建立，在教育领域内，政府和高职院校的关系发生了变化，即政府不再单方面影响高职院校，政府由高等职业教育的办学者、管理者、监督者转变为评价者、协调者，高职院校作为独立的法人实体，与政府形成互动状态，二者相互监督，共同履行权利和义务。高职院校专业设置和调整需要经过政府严格审批，以《普通高等学校高等职业教育（专科）专业目录》为依据制定人才培养方案，报教育部备案或审批，如果专业没有进入政府颁布的专业目录内，高职院校则无法设置该专业。因此，专业建设方面附有一层行政色彩，与此同时，由于高职教育的市场性和类型性，政府在专业设置上还会给予高职院校一定的自主权。

高职院校实施人才培养，需要享受一定的权力，才能更好地履行职责。政府需要加快转变职能，积极"赋权"，采用间接手段对高职院校进行宏观调控，在规定专业建设标准和人才培养方案的基本要求下，赋予高职院校更多的办学自主权。此外，高职院校应积极"收权"，灵活、高效运用办学自主权，对专业进行建设、管理。

（三）高职院校与企业

高等职业教育是我国的一种教育类型，为产业发展提供高技术技能型人才，因此高职教育与产业链发展密不可分，高职院校与企业、行业是紧密的合作体。一方面高职院校通过专业教学、人才培养为企业提供应用型人才，为企业注入活力；另一方面，企业对技术技能型人才的需求，给高职院校带来办学活力和生源。企业与高职院校的相互依赖、协同育人，很好地解决了人才供需矛盾。企业作为高职院校的合作者，具有重要的角色定位。首先，企业是高职院校人才培养的动力。高职院校主要为区域产业发展培养人才，产业链具体表现为岗位群，企业作为岗位群的载体，承担着接收高技术技能型人才的职责，因此，当市场的人才需求增加，"供应方"则有生产动力。其次，企业是高职院校人才培养的试金石。高等教育是否适应经济社会、行业及企业的发展需求，人才是其试金石，高职院校学生只有走上工作岗位，其教育成效才能真正得以实现。

企业是高职教育人才培养的主体，应与高职院校协同育人，共同参与高水平专业群的建设和治理。具体表现为：第一，高职院校应主动适应产业变化，在对产业发展调研的基础上，深入了解区域产业布局和结构调整，专业发展需要紧跟市场需求，及时调整和转换专业；第二，企业应参与专业建设的全过程，高职院校应积极邀请企业参与专业建设、课程改革、师资建设、实训基地建设等过程，组织学生参与工作岗位实训实践，整合有效资源，实现校企共建共享。

（四）高职院校与院系

伴随高职教育迈向大众化，办学生源不断增加，学校由一级管理体系逐渐增加到院系二级管理体系。二级管理是指高职院校赋予二级学院一定的人权、财权和物权，将原有的以职能部门为主体的管理模式变为以系部为主体的管理模式，使系部拥有相应的自主权，成为独立的办学主体。高职院校承担着人才培养、科学研究、服务社会的责任，院系很大程度上是其责任的具体实施者，因此，学校与院系的治理结构和运行机制是镶嵌的形式。具体来说，从高职院校的管理职能划分，可以将其内部划分为行政组织和教学组织，行政组织包含党委领导下的校（院）委员会、行政上的教师、科研和后勤组织等，教学组织包含各个院系、研究室、教师以及党、团、工会组织。院系具体承担着教学组织，并形成以院长为核心的行政组织体系，院系在专业建设、课程教学、师资队伍、学生管理等方面有一定的决策自主权。学校主要通过宏观决策制定计划、配置资源，来对院系进行监督、评估和管理。

在一定程度上，学校和二级院系构成集权—分权式结构，高职院校如何处理权力分配成为治理的核心。院系承担学校三大职能，学校应赋予院系一定的办学权和管理权，通过对接区域产业对人才需求，加强校企合作共同育人，积极进行课程与教学改革、师资队伍建设、实训设施管理，实现专业建设、人才培养、服务社会。具体来说，应赋予其以下权力：

①人事权。根据院系高水平专业群需要，聘任兼职教师和企业高级技术人员到校授课，安排学院教师进修和到企实践。

②经济权。学校应提供院系教职工和管理人员的基本工资、奖金，院系对本院内日常开销和业务开支有自主支配权。

③资源配置权。院系能根据整体发展和专业建设自主配置教学、科研、实训资源。

二、物流管理概述

（一）物流管理理论

《物流术语》中指出：物流是"物品从供应地到接收地的实体流动过程，根据实际需要，将运输、储存、装卸、搬运、包装、流通加工、配送、信息处理等基本功能实施有机结合"。物流自古代逐渐发展到现代，回想其发展历程和相对应的演化规律，含义由于地域、时期存在明显差异而各不相同。

首先，物流涉及的对象均为物品，物品向着目标有效率、有效益地流动。然而物品和商品存在明显差异，例如，快递小哥派送的包裹和信函并不属于商品。将卖作为目标生产出来的产品被叫作商品。所以，"物品"确实是物流对象，然而提供的却是服务。

其次，物流强调物品由原产地流通到目的地的整体过程，是需要持续符合客户要求的过程，是有效运用物品流通获取到较为丰富价值的经济活动。

再次，现代物流将很多功能都集中在一起，除了上述提到的几个方面的基本功能以外，还涉及与物流相关的人员管理、财审管理、基础流程管理、现场管理、创新管理等多个方面，是一个集成的物流系统。

最后，是将物流与系统关联在一起的应用过程，即在某一范围内或时空区间内，将用户所需要的物品从某一地点输送到另一地点的过程。物流系统中涵盖的内容相对繁多，如物流运输车辆、运输机械设备、用户产品、中转机构、人员管理等。各类内容之间保持着相对的独立性，可以结合实际情况，下达系统稳定运行的相关指令，同时系统之间还具备相互关联性，负责辅助整个系统的顺利运行。

（二）物流管理内涵

物流管理是一种系统化管理，是将用户所需的物品从一端移动到另一端的过程，该过程包含物品运输、物品装车、物品包装、物品暂时储存、物品流通等。

物流管理的内涵主要包含物流活动要素的管理、资源要素管理和职能管理，其又离不开整体物流系统的管理。物流系统就是将某些具备相互作用的子内容关联在一起，使其可以在相互作用下，共同完成某一项任务的过程。根据功能属性的不同，系统中的子内容也存在着一定的差异性。

（三）物流管理主要课程及内容要求

1. 供应链管理

（1）主要教学内容及要求

熟悉供应链管理的全过程，掌握操作流程和操作方法，熟练掌握供应链基础知识、供应链构建、供应链流程、供应链评价、供应链改进等内容。

（2）教学实施建议

搭建实训平台，设计与企业物流环境相同的实训环境，使"教、学、做"有机融为一体。

2. 运输管理实务

（1）主要教学内容及要求

设计编制各种运输单据；比较货运价格；掌握货运价格变动趋势；查询不同运输工具的信息；能根据货物凭证与外界联络与沟通；会使用装卸工具等。

（2）教学实施建议

采用项目教学，归纳总结不同运输公司业务流程的差异，设计运输方案，处理各种图表。

3. 配送管理实务

（1）主要教学内容及要求

使学生熟悉配送工作流程及相关岗位技能；熟悉进货流程，掌握分拣及加工要点，掌握线路优化方法；通过任务驱动、角色模拟、岗位实践等学习方式，使学生梳理"现代物流就是服务"的意识，具备诚实守信、吃苦耐劳、善于沟通及勇于承担责任的职业素质。

（2）教学实施建议

精讲多练，学做一体；针对学生职业能力的培养，采用案例分析、情景模拟的方式方法来进行教学；利用实训室开展获取订单、进货及补货、拣货、加工、出货等各种作业，真正做到"教、学、做"一体化。

4. 仓储管理实务

（1）主要教学内容及要求

能按照仓储的作业流程进行实地操作；善于管理出入库信息；会熟练使用订单管理系统。

（2）教学实施建议

采用项目教学法，选择一个具体的企业作为案例，结合仓储的具体流程，考查学生掌握情况。

5. 物流设施设备

（1）主要教学内容及要求

正确理解物流装备在现代物流体系中的重要作用，认识和了解物流设备的功能、参数、结构及应用范围。

（2）教学实施建议

结合学校搭建的教学资源库，使用多媒体、3D 等现代化技术，加强理论的应用。

6. 物流市场营销

（1）主要教学内容及要求

熟悉物流市场营销的流程和要求，掌握其核心技能：调研策划、市场竞争、网络营销等。

（2）教学实施建议

采用项目教学法，选择一个企业，为其设计营销方案并组织实施、评估效果。

7. 物流成本管理

（1）主要教学内容及要求

通过学习和训练，使学生具备物流成本管理的基本知识与技能，培养学生的团队协作能力，以及环保、节能和安全意识。

（2）教学实施建议

重视使用现代多媒体教学，并到企业进行现场教学；创设工作情境，提升学生的实践能力。

三、高职现代物流管理专业定位

（一）物流类专业岗位职业分类

实际上，物流岗位的形成要早于现代物流管理专业。例如，仓储保管员的岗位早已有之，原先通常由物资管理、储运管理等专业的学生或初中、高中毕业生担任，因为当时大家认为这类岗位不需要多少专业知识和技能，物资管理专业毕业生只是把它作为在企业基层锻炼的一个阶段，经过 1～2 年工作积累就会晋身至销售、管理人员等被认为更重要的岗位上去。20 世纪 70 到 80 年代最好的保管员标准就是蒙上眼睛也能把你需要的物品从货架上取出来。但是，作为物流职业的仓储保管员其职业观念和职业核心技能都发生了根本性的变化。由于库存物品的动态化和计算机化，物品存货的货位不再是固定的，不需要保管员记住所有物品的存放位置，而仓储管理员的职业核心技能在于如何有效利用存储空间和快速的进出库。由于现代物流追求零库存，仓库正在变成以物流变换（从运输到配送）为主要功能的物流中心（配送中心），物品维护保养技术的重要性也大为下降。因此，尽管仓储管理员岗位名称没有发生变化，但其职业素养与技能的内涵已发生了根本变化。

物流岗位也不限于物流产业。制造业、建设业、流通业、采矿业等行业都存在大量物流岗位。从物流类专业的需求来看，非物流产业的物流岗位需求约占60%，多于物流产业的需求量。物流产业的物流岗位与非物流产业的物流岗位在职业素养和技能上不存在本质差别，国内外都把两者列入物流职业，在物流类专业设置上也不做区别。

《物流师国家职业标准》对物流师的定义为："在生产、流通和服务领域中从事采购、储运、配送、货运代理、信息服务等操作和管理的人员。"对高职毕业生而言，其目标岗位是其中的一线管理人员和技术人员。如下表所示：

表 1-1 物流岗位分布表

就业单位	运营岗位	操作主管岗位
物流企业	仓管员、营销（业务）员、信息员、运输调度员、配送员、客服员	理货主管、企业仓库主管、装卸搬运主管
工商企业物流部门	仓管员、综合物流管理员、采购员、协调员、物料管理员	理货主管、仓库主管

表 1-1 中所列岗位均为高职现代物流管理专业学生首次就业的岗位，既包括一线运营岗位，也包括操作主管岗位（其主要职责是组织指挥理货员、搬运工等操作工）。我们不能机械地认为某部门主管就是学生今后的目标岗位，理货主管、装卸主管、小企业仓库主管可以是首次就业的岗位，而大中型企业的营销

员、采购员可能是更高级的岗位。物流企业与工商企业物流岗位存在共性，也存在差异，物流企业岗位设置较细并侧重于运输、配送方面，而工商管理物流部门的物流岗位设置较粗并侧重于采购、仓储方面。

（二）物流类专业职业素养构成

物流类专业职业素养是指物流从业人员能胜任某类工作岗位所需要的职业道德、职业思想、职业行为习惯和职业技能等。物流类专业职业素养既有现代职业的共性要求，也有受物流产业技术、文化、历史、制度等因素影响而形成的特殊要求。

1. 职业道德

由于物流业是受托服务业，诚信成为物流类专业职业首选的核心职业道德，现代物流路线长、环节多、分工细，团结协作亦成为重要的职业守则。

2. 职业思想

职业思想又称职业观念、职业意识。物流职业思想体现了物流科学成果中最核心但又能被广大从业者接受的部分，如零库存和 JIT 思想（主旨是强调生产的无库存与准时），注重资源整合的思想，供应商与客户共同发展的思想，以及服务意识、质量意识、专业知识等职业思想。只有经过不断熏陶，在实践中反复感悟并为从业者真正相信的专业知识才称为职业思想。

3. 职业行为习惯

职业道德固化在物流从业人员的行为习惯上，就成了职业行为习惯。如物流职业行为习惯包括守时、24 小时手机开机、假期加班成常态、遇突发事件要第一时间到现场等。

4. 职业技能

现代职业都有专业化的特点，职业技能与职业知识的特殊性、专门性是职业存在和职业化的前提。物流产业通常被认为是复合型产业，物流职业亦涉及技术、管理等多种技能，我们不能以传统学科观点认定物流职业技能属于工科还是文科，而应该认识到其是技术与管理的交叉。当然不同层次的物流岗位，技术与管理技能的要求比重不同，高层岗位偏重于管理而基层岗位偏重于技术。

（三）物流类专业职业能力要求

1. 协调沟通能力

如人际关系能力、口头表达能力、文书写作能力。

2. 适应与学习能力

如适应能力、学习能力。

3. 流程作业能力

如仓储、运输、配送作业能力，流程设计能力，物流设备操作能力，成本计算分析能力，客户服务和营销能力。

4. 计算机信息技术应用能力

如工具软件使用、信息系统使用与维护的能力。

第二节　高职现代物流管理专业建设的目标

一、建设现代物流管理专业教学资源平台

（一）教学资源

教学资源指一切支撑、有利于教与学活动的资源，包括硬件资源、软件资源、场所资源、人力资源。狭义的教学资源则指支撑、有利于教和学活动的教学信息资源，像我们常见的课本、辅导练习册、教学课件、学生辅助工具书等。

信息化教学资源指在计算机、网络环境下，一切支撑、有利于信息化教与学活动的结果再加工处理的资源。狭义的信息化资源指支撑信息化教学的数字化资源，像课件、学习网站、多种信息为载体的素材、试题库等。白春章等认为数字化形态的所有教学材料就是信息化教学资源（教学素材、软件、资料、平台等）。

教学资源是学习者学习内容的主要来源，要求切合移动学习特点和学习者学习需求学习资源设计要遵循"知识模块"分割原则。由于教学资源的片段化和学习环境的移动性，影响了学习的连贯性和系统性，要求将选择的学习内容以知识

点的方式进行组织，然后将它们划分为多个"知识块"，便于学习者学习。教学资源设计要遵循简单、少输入原则。移动学习终端的处理和输入能力有限，要求学习资源在呈现时要保证界面和文字简洁，减少视、音频和图像形式的呈现。教学资源在传输时依据学习者的心理特点以及各部分之间的逻辑联系进行排序，可使学习者融会贯通，最终达成知识体系。

（二）教学资源平台

教学资源平台是一种数字化工具，平台上可被人们共享利用的网络资源很多，所以资源平台涉及领域也很广，有音频素材、网络软件、网络课程等，在各个领域对应的研究也很多。

当前的教学资源平台主要功能更多的是在信息技术环境下供教师教与学生学的数字化工具，研究领域主要是教学领域，但起初我国学者对教学资源平台的研究是源自企业方面的。林亮亮、腾兴华曾在《浅谈数字化学习》中提到，学习资源的建设是数字化学习的关键，数字化学习资源主要来源于国内外的网站、图书馆和学习资源库；张冬秀在《高校网络教学资源平台建设探究》中，不仅研究网络教学资源的概念和分类，还在此基础上，探究网络教学资源构建的有效策略；刘艳在《基于新兴网络平台的高职课程作业形式研究》中依托课程网络平台、审核网络资源平台对作业的设计、形式、批改和反馈等几个方面进行了改革。

（三）现代物流管理专业教学资源平台

在现代物流管理专业建设的过程中，应按照现代物流管理专业学生知识学习与能力培养教学的要求，采集物流领域发生的一些典型事件，从中提取知识元素，将其设计成为具有教育意义的案例，将这些案例集成在一起，建设现代物流管理专业课程案例库和现代物流管理专业知识库。

二、提高现代物流管理专业学生素质

（一）高职院校学生素质与能力

鉴于高职教育和普通本科院校无论是从宏观上的文化属类以及培养目标上，还是从具体的专业、课程设置、师资条件上都存在着显著的差异，因此普通高等院校和广大高职院校在人才培养中也应有不同的标准，从而导致其在培养与自身层次相符合学生素质和能力方面也有着显著的差异。以"高素质创新型技能人才"为培养目标、以技术文化为文化类别的高职院校，学生素质和能力结构应包括精神层面的道德素质和人文素质，能力层面的基本职业能力、专业能力和关键能力，如图表1-2所示。

表1-2　高职院校学生素质与能力结构

素质结构	道德素质	基本道德素质
		职业道德素质
	人文素质	基础人文素质
		职业人文素质
能力结构	基本职业能力	外语能力、计算机能力、信息收集处理能力、职业适应能力
	专业能力	专业知识、专业技能资格证书、专业拓展能力
	关键能力	人际关系能力、自主学习能力、组织与管理能力、社会能力、心理承受能力、创新能力、分析问题和解决问题能力

（二）高职现代物流管理专业学生素质

经调查，现代物流管理专业学生的自主学习能力、沟通能力、责任心和执行力是最重要的能力和素质。这就要求现代物流管理专业的人才培养方案与物流人才的实际需要相适应，现代物流管理专业培养方向要针对物流行业的工作性质及岗位需要，参照行业、企业标准，与企业共同制定岗位职业标准，实现培养急需的综合物流人才的目的。高职院校应着眼于中高端物流工程和物流管理人才的培养，使学生具有物流规划、项目策划、物流系统设计、物流信息管理等方面的知识和技能，具备成为高级物流人才的知识基础和能力。

三、改善现代物流管理专业的实训条件

（一）实训教学

职业学校的教学可分为理论教学和实践教学。实训教学是以理论教学为基础的实践教学的重要组成部分。实训教学是实践教学中的一个部分。实训教学是在

理论教学的基础上，将理论知识应用于实训教学的实践活动中。职业学校培养的是应用技术技能型人才，其专业性比较明确，而为了实现这一目标，最直接的就是进行实训教学。

实训是职业技能实际训练的简称，是指职业学校按照企业所需的人才规格，有目的、有计划地让学生开展技能训练的教学活动。实训教学指的是通过教师的指导，受教育者独立进行的一种实践活动，或者是综合性技术的实践活动，而这个过程需要进行一段时间的训练。进行实训教学的主要目的就是为了可以满足实际工作中需要，培养受教育者一种或多种技术能力。通过实训的教学将理论知识与技能在实训过程中得到进一步的深化，可以提高受教育者综合性技术能力，实训的环境主要是模仿实际工作环境和真实工作环境两种。

（二）实训基地

国内学者主要将实训基地建设划分为校内实训基地建设、校外实训基地建设和公共实训基地建设三种类型。

1. 校内实训基地

在校内实训基地建设模式研究方面，胡群认为：校内实训基地建设模式主要包括院校主导、自筹自建自管模式，校企合作、互惠互助互补模式，引资援建、区域开放共享模式和"校校共建"、优势互补模式等四种。而在校内生产性实训基地建设模式研究上，王召鹏和莫江燕则认为当前的主要模式有：以企业为主组织生产和实训的"企业主导模式"、以学校为主组织生产和实训的"学校主导模式"和校企双方建设、管理基地的"校企合作模式"等三种模式。

2. 校外实训基地

在校外实训基地建设模式研究方面，李俊霞认为：校外实训基地常见的建设模式主要有"校校合作"、订单式培养、行业管理机构协调下的联合等三种模式。牛文颖指出：高职院校要想培养技能型人才，使其具有较强的实践能力，必须通过校企合作加强实训基地建设，同时也将实训基地建设模式主要归纳为学校主导、企业主导、共建共享三种建设模式。张心刚则将高职院校"校企合作"型实训基地建设模式主要概括为：产、学、研相结合的建设模式，校企合作实训基地建设模式与政府主导下企业援助的外援型模式等三种建设模式，并进一步将校企合作实训基地建设模式细分为共建共享、学校主导与企业主导模式，同时他也强调了探索校企合作型实训基地建设是高职院校必须研究的首要任务。

3. 公共实训基地

在公共实训基地建设模式研究上，张海兰通过对不同地区、具有差异代表性的公共实训基地建设模式进行对比，指出：国内公共实训基地建设模式主要包括行业聚焦模式、产训对接模式、区域共享模式、实训工厂模式和政校合作模式等五种建设模式，以期在将来打造出可持续发展的公共实训基地。陈迪认为：在"政府、企业、学校"三者合一的开放型公共实训基地模式中构建高职院校实训基地，能使三方各取所长、各取所需。聂昌腾则在"互联网+"创新创业的背景下，指出：应构建"互联网+"创业型人才培养，开放式与共享型创业，中小企业"互联网+"转型发展三大共享型创新创业平台的目标定位，对公共实训基地建设模式展开创新研究。林友爱则将公共实训基地的建设主要划分为：政府主导，政府与职业院校合作，政府与行业企业合作等三种模式。

不论哪种类型的实训基地，其建设目的均是为了培养技能型和实用性的高水平人才。按照参与主体则可以将实训基地建设分为学校主导类、企业主导类、校企共建类三种类型。当前实训基地建设的内容则主要包括实训场地建设、实训基地教学建设、实训基地管理、实训基地资金投入、基地建设成效、实训基地师资队伍、实训基地社会服务等多个方面。就实训基地服务范围而言，公共实训基地主要面向社会各界服务，因而相对于公共实训基地，校外实训基地服务范围较小，而对比校内实训基地而言，校外实训基地服务范围却相对较大。校外实训基地不仅能为学生提供大量的实训机会，亦能有效弥补学生校内实训的不足，为学生提供真实环境，从而使学生在真实环境中提高自身实践能力，同时相较于校内实训基地，校外实训基地也更侧重于培养学生的职业技能。

（三）现代物流管理专业实训

现代物流管理专业的实践性决定了现代物流管理专业建设好必须有良好的实训条件，可以从三个方面改善现代物流管理专业的实训条件：①根据时代发展完善校内实训条件，建立现代物流管理专业实训室，如建立物流沙盘实训室、任务式三维互动物流实训室及物流综合实训室等，及时更新软件，有场地的院校建立校内仓储配送实体实训室；②积极参加各种物流比赛，利用比赛所提供的实训条件，如参加供应链仿真实训比赛，能够让学生在参赛的几个月时间里充分利用软件商提供的实训平台；③积极开展校企合作，为学生创造更多的参观实习机会。

四、打造一支高水平的"双师型"专业教学队伍

(一)"双师型"教师

1990年，我国学者王义澄教授首次提出"双师型"教师的概念，他认为"双师型"教师主要涵盖四个层面，分别是双来源、双经验、双证书、双职称。国家政策将"双师型"教师概念纳入职业教育体系最早开始于1998年，教育部《面向二十一世纪深化职业教育教学改革的原则意见》文件就提到关于"双师型"教师的概念，并赋予了"双师型"教师更深刻的含义。2003年教育部《高职高专院校人才培养工作水平评估方案（试行）》文件亦从理论层面对"双师型"教师应具备的条件进行了详细的说明，并第一次在高等职业教育层次上明确了"双师型"教师的具体内涵。作为一种具有中国职教特色的本土化概念，"双师型"教师队伍建设能有效缓解我国职业教育领域中存在的教师匮乏、教师理论知识不足、教师专业实践能力不足等问题，是推动职业教育科学发展的必要保障。然从提出至今，我国学术界对"双师型"教师内涵概念与价值理念的界定仍处于百花齐放的探索阶段，教育界至今仍没有达成对"双师型"教师概念统一规范的界定。

总体来说，我国学者对"双师型"教师的相关概念的有益探索与内涵界定逐渐趋于以下四个方面：

1. "双师型"即"双职称"

这种观点认为职业院校的"双师型"教师至少具备两种以上相应技术职称，即教师应具备教师系列职称和法学、管理学、经济学、医学、工学、农学等相应社会技术职称。学者万碧波指出，"双师型"教师是指既具有高教系列中级以上职称（如讲师、副教授等），同时又具有本专业技术系列中级以上职称（如工程师、高级工程师等）。

2. "双师型"即"双证书"

该理论以职业院校教师是否获得教师资格证书和职业技能证书为标准判定其是否为"双师型"教师。目前大部分院校采用该理论作为选聘"双师型"教师的主要依据，然而也有学者指出，"双师型"教师绝非仅指"双证书"教师，未来理想的高职教育教师应该是专业理论知识和专业实践能力上的整合，资格证书能否直接反映教师实践工作能力仍值得商榷。

3. "双师型"教师即"双融合"

该理论认为"双师型"教师要融合专业理论知识、教育教学知识、科研创新知识等教育教学素质，能将高超的理论知识传授的学生，也要具备行业企业实际工作经验、技术岗位的实践技能，能指导学生进行一定的实践操作。例如，学者邢晖指出，"双师型"教师在专业技艺中应是行家里手，一精多通，在动手操作技能上练出过硬功夫，以才育才，以技传技。

4. "双师型"即"双来源"

该理论从教师队伍结构角度对"双师型"教师进行界定，即"双师型"教师队伍中包含专、兼两类人才，分别是理论知识扎实和实践操作熟练的专职教师以及行业企业中的科研专家、工程师、高级技术人员，两者共同完成学生的培养工作，充实"双师型"教师队伍。

综上所述，"双师型"教师本质蕴含着多维属性特征，从范围规定上它代表的是一种具备教育教学能力、实践操作能力以及职业素养的复合型人才，这是职教师资特色化的具体表现；从产生途径上它离不开行业企业的培训作用，"双师型"教师实践能力的获得可以依靠相应工作岗位的实践经验积累、科研创新课题项目的研究、专业技术技能资格证书等途径；从结构组成上它又特别强调社会行业企业高超技术人员、技能专家等兼职教师在"双师型"教师队伍中的重要性。"双师型"教师是顺应高职院校人才培养目标与经济社会发展需求，兼具国家认可的教师资格、深厚专业理论知识、丰富教育教学经验、高超专业技术技能，既能将传递教育教学知识，也能指导实习实践操作，既具备相应专业技术技能，也拥有行业企业相关实践经验，同时还具有丰富的专业教育教学能力的系统化、结构化、体系化的高职院校教师。

（二）现代物流管理专业双师型教师

现代物流管理专业是实践性很强的一个专业，要求每个教师必须具备"双师"素质，教师团队中也必须有企业的兼职教师。高职院校要为现代物流管理专业的教师出台有利于教师具备双师素质的长效机制，这样教师才可以深入企业去学习，通过在企业的学习参与到企业的日常工作中去，借此加强校企合作的力度，这样就可以大大提高教师的实践教学能力。

五、促进校企合作模式的发展

(一) 校企合作模式

对于校企合作的概念，最早可追溯至欧洲的"产学合作教育"，国外称呼为"合作教育"，就是学校和企业合作育人的意思。但是各个国家对校企合作的称谓各不一样：美国称为"合作教育"、英国的校企合作模式称为"工学交替"、德国校企合作模式称为称"双元制"模式、日本称"产学研"、澳大利亚称"TAFE"模式等；

提到校企合作，和它相关的主要有工学结合、产教融合、产学研合作、产教结合等，重点是把教育和生产实践联系起来。校企合作是一种培养高级技能型人才的人才培养模式，它的前身是合作教育。

学校企业之间的合作是职业学校和市场需求部门之间的合作，以及企业之间在培养人才、培训机构工作人员、合作技术服务和分享学校机构资源方面的合作。这是一种"双赢"模式，侧重于学生的能力、学校学习和企业做法以及学校和机构资源之间的信息交流。学校企业合作教育模式是一个面向社会的进程，在企业和学校的参与下培养人才，并共同制定教育方案。校企之间的合作是改革和更新教育模式，并根据职业教育和商业技能发展基本准则，加强政府、公司、产业协会和企业在职业教育领域的合作。职业教育院校与企业之间的合作应遵循自愿协商、一体化、共同责任、面向市场、劳动力需求以及将生产、教育和科学研究结合起来的原则。

现代市场经济的竞争主要动力来自人才之间的竞争，对于企业来说，人才是企业的中流砥柱。

国务院印发的《关于开展国家教育体制改革试点的通知》里明确指出了改革职业教育办学模式，构建现代职业教育体系。

(二) 高职现代物流管理专业校企合作

高校现代物流管理专业校企合作可以从以下内容入手：校企共同制定人才培养方案、专业教学标准、课程教学标准，加强校企之间的合作。在教学过程中，学校教师和企业师傅结合物流岗位要求，对接物流职业资格标准，按照不同的培养阶段和课程模块有针对性地进行教学。在教学实施方法上，学校课程和企业课程交互进行，两个主体之间的课程有机结合。通过这样的教学方式，可以保障教学质量，实现学生对一个模块知识的完整性和系统性认知。

第三节　高职现代物流管理专业人才培养的必要性

一、从人才数量需求上看

根据中国物流与采购联合会的统计数据显示，2010年智能物流市场规模不足800亿元，但是近年来增长十分迅速，预计到2023年，智能物流装备市场容量将超万亿元。业务端连年的大规模增长，必然会带来大量的人才需求。而根据《物流业发展中长期规划（2014—2020年）》，我国物流从业人员虽以年均6.2%的增长速度逐年增加，但从数量上看，每年的物流人才供给与每年新增的物流岗位人才需求相比，供需矛盾依然比较突出，企业仍然面临用工难问题。2018年我国物流人才缺口已达到150万左右，其中"有知识、懂技术、善管理、会经营"的人才的需求更是难以得到满足。人才短缺正成为企业在新物流生态下战略转型升级的一道枷锁。广州思齐物流董事长蒋超鸿表示："公司能不能改革成功，关键在于是否能招到合适的人才。能招到合适的人才，花再多的钱也愿意。"二、从人才素质需求上看

随着大数据、物联网、人工智能、区块链等信息技术的发展，越来越多的物流企业为了缓解用工难、降低成本、提高效率，会选择在一些基础性岗位用智能设备取代人工操作，把人从烦琐的工作中解脱出来，如在仓储环节使用智能分拣设备、自动化立体仓库、堆垛打包机器人，末端配送环节使用无人车、无人机配送、智能快递柜等。尽管技术进步不能完全取代人的价值，但新技术背景下企业对人才素质要求会越来越高，体现在以下几个方面：从综合素养上讲，人才应具备较强的责任心、进取心，善于沟通协作，富有创新意识，具备大数据思维，拥有国际视野等；从知识结构上讲，人才既要具备现代物流管理专业知识，熟悉物流业务流程，又要懂得一些计算机、物联网、管理信息系统等相关知识；从技术能力上讲，物流人才要具备物流业务操作能力、智能终端设备维护能力、物流管理能力、智慧供应链运营能力、大数据分析应用能力、软件系统开发能力和新技术研发能力等。总体来说，伴随物流业从劳动密集型向人才、技术、资金密集型

的转变对人才能力素质的需求也从操作型向复合型转变。未来具备多学科知识、多专业技能的高素质复合型应用人才必将成为业内宠儿。

二、从人才岗位需求上看

企业最需要的是运营人才，其次是货运代理人才。随着物流产业升级转型，企业对智慧供应链管理人才年需求将越来越多，物流大数据人才缺口也将逐年增长。同时，智慧物流技术研发人才、互联网营销和运营人才、冷链物流人才等需求依旧保持快速增长。

第四节　高职现代物流管理专业建设与人才培养现状

物流业发展的一个重要影响因素就是物流人才，目前高职院校的现代物流管理专业建设与人才培养正处于发展阶段。本章分为高职现代物流管理专业建设现状分析、高职现代物流管理专业教学现状分析、高职现代物流管理专业人才培养现状分析三部分，主要包括高职物流管理建设的基本情况、高职现代物流管理专业建设的问题分析、高职现代物流管理专业教学教育体系单一、高职现代物流管理专业教学缺乏实际训练、高职现代物流管理专业人才培养模式现状、高职现代物流管理专业人才发展现状等内容。

一、高职现代物流管理专业建设现状

（一）高职现代物流管理专业建设的基本情况

1.课程现状

当前，各高职院校的现代物流管理专业的课程体系基本上基于本地需求而构建，对于现代物流管理专业的课程体系相对较少。当然，也有先行者对此进行研究，都从不同的角度探讨了课程建设存在的问题，如满足不了从业者知识体系的需求等，从重构课程体系、完善课程内容等方面提出了课程建设的方法与途径。

2.教学模式现状

近几年来，随着互联网的应用和高职院校实训室建设的发展，理论教学模式也在逐渐改变，实践教学形式逐渐多样化，教学学时日渐增多。但是实践教学还是存在着教学方法简单、培养模式僵硬、实践教学体系不系统、实训室建设投入高却利用率低、缺少双师型人才等诸多问题。

3. 师资队伍现状

目前，高职院校现代物流管理专业的师资队伍建设坚持"引进和培养并重，学术与实践兼顾"的原则，既通过引进高学历、高资历的博士和学科带头人来增加专业科研队伍，也引进具有高等教育背景的物流管理人员或物流"能工巧匠"，同时也要充分调动教师增加自己实践能力的积极性，提升双师师资队伍建设水平。

4. 职业资格认证现状

2019 年，国家公布"1+X"职业资格制度，现代物流管理专业也率先前行，物流管理行业职业资格证书较多，发证机构主要有物流与采购联合会、国际货运代理协会、人力资源和社会保障部，这些证书经调查与学生毕业找工作并没有太大联系，证书含金量不高，并且有些资格证书已经取消。因此，如何让职业资格证书成为证明毕业生专业能力和素养的有力凭证是现代物流管理专业建设应该考虑的问题。

（二）高职现代物流管理专业建设的问题

1. 专业定位与企业需求存在偏差

专业建设方案的制定是一个系统的工程，需要考虑的因素很多，在兼顾方案制定过程和教学过程的同时，还需要注意课程讲授过程中课程之间的协调性。如若专业建设方案的制定只是由学校独立完成，那么在制定之初就有与企业真实需求脱节的可能性，在实施过程中也缺乏动态性，不能紧跟社会经济的变化而做出及时调整。人才培养方案的脱节，必然导致课程及完成课程相应的课程目标也是不够完善的。甚至导致教师在授课过程中知识点陈旧且对知识点难以进行及时调控和掌握，导致学生在学习过程中产生重复和空缺的知识目标。目前，部分高职院校的现代物流管理专业建设工作已经跟不上数字化经济时代的需要，存在专业定位与企业需求脱节，与真实应用脱离，与实际要求脱轨等问题。且这一现象也并非只是学校单方缺少市场调研分析的原因，更深层次的原因是企业在实践教育的过程中参与度、配合度不足。企业不断地强调自己需求的是现代物流管理专业的综合人才，但是在制定专业建设计划层面、调整教学课程体系层面、培养学生综合素质层面、企业的参与度都是远远不够的。有很多校企合作项目空有名号，企业只在前期象征性投入少量精力，且配合度低，在项目初期会有一定的短暂合作后，由于暂时看不到长期的经济效益就放弃了接下来的合作计划。企业若不能直接且深入地参与专业教学融合实践的开展，经过培育的人才就不能完全适合企业的职业需求，那学校开展专业教学融合的初衷就本末倒置，只是为了知识"融合"而单纯融合是毫无意义的。为了更好地实现专业教学融合，做好专业建设，企业的参与是不可或缺的，甚至在现代物流管理专业人才培养当中必须扮演重要的角色，必须提高企业的参与深度和广度。

2. 缺少专业共享教学资源库

现在已经进入信息碎片化时代，随着新技术的发展，以及 5G 时代的到来，线上教育更是开展得如火如荼。近两年，我们充分感受到了大数据时代为我们生活带来的改变，面对学校延期开学的现状，各校开始使用直播平台进行网络授课，"停课不停学"的口号深入人心，线上教育的重要性及未来的可发展性凸显无疑。职教 20 条也指出："适应'互联网＋职业教育'发展需求，运用现代信息技术改进教学方式方法，推进虚拟工厂等网络学习空间建设和普遍应用。"良好的信息化、智能化教学支持环境是专业融合教学开展的前提，新技术定可助力新商科专业教学融合的发展。而在线教育的根基就是丰富的共享资源库。随着各大职校的不断发展，各校基本建立了具有一定规模的专业资源库，目前各专业的资源大体可分为专业级设备资源、课程级资源、素材级资源这三个基础大类。学校在做专业资源库及实训室建设的过程中重点放在单项专业技能的满足和优化上，在技能融合方面的思考较少，如何做好各个专业知识点的单点突破，把碎片的信息进行整合，形成完整的专业融合知识网络体系，解决专业资源库提高共享率的问题，还需要进一步探索。若能根据学校教学需求和当地特色资源，借助专业文化装修、布置企业化和体验化相结合的实景环境，营造具有地域特色的实训室。通过结合本校优势专业，进行多专业、多模式、多层次的学术型和技能型资源库建设。整体通过改善教学软硬件资源，为地方经济转型升级做好人才储备工作，为服务地方特色化经济发展，输送更多技能型、应用型、高复合型人才。

3. 产教融合程度有待提高

当前很多院校跟企业之间的合作往往"流于表面"，也就是说教育与相关企业之间并没有真正达到融合。

首先，在校企合作模式下对学生展开教学与训练的过程中，缺乏系统的评价机制做支撑，同时由于企业过于以学校单方面的考核与评价为主，导致学校很难真正掌握学生在企业中进行实践的具体情况与能力，致使学校无法有效辨别学生各自的综合能力与水平。

其次，少数具备项目实训的院校开展了任务式教学融合，对教学融合的深度和模式进行了进一步的深入研究，但是在任务的选材及内容设计上普遍存在案例照搬企业案例，未进行适应性改造，无法贴近学生需求。课程的深浅程度、难易程度取决于教师自己，不同老师之间存在差异，并且难以统一。教学内容多重在较深的数据分析融合模块，而不是基础技能操作模块，使得学生在学习的过程中不能很好地理解和吸收理论融合知识，实操任务也常常因为某些任务过于超出自身能力，没有循序渐进，导致学习效果欠佳。

最后，没有考虑现阶段课程与接下来学习阶段的课程内容衔接的问题，主要表现为基础课设置不足、专业课针对性弱和技能课层次脱节等。对此，需要通过课程体系的调整，做好专业融合教学在专业知识和专业技能上的融合延伸工作。

4.专业师资建设存在短板

新时代现代物流管理专业人才培育要求具有明确的指向性，为适应新技能需求，要求教师专业素质也必须不断地进行变化和更替；要求教师不能仅仅要停留在传统的教学和科研工作上，还需要通过跨专业、跨学科融合将新技能引入，使学生认识理解物流管理、学习新的物流管理技巧。部分教师对现代教学理念的关注和学习较少，容易满足于现有的教学成果，故步自封，甚至对新技术、新资源和新模式有抵触情绪，教师专业间融合教学意识都有待加强。且一些教师受制式教育与学习环境的影响，自身的知识体系都比较单一，很多是专职于一门或者两门专业学科的教学工作，难免知识局限，思维固化。在平时授课的过程中哪怕教师有意识想进行专业融合教学，却只能简单地进行各专业知识重叠，根本无法取得好的教学效果。现代物流管理专业融合教学要求教师转变教学理念，重新定位自己所处教学过程的角色。特别是教学中主要是由教师引导学生进行专业融合学习，只有从根本上解决教师的融合意识问题，再提升学生素质及终身学习能力以配合，才能取得良好的专业融合教学效果及人才培育效果。

现代物流管理专业教学教师应具有自己的功能特征，然而高职学校长期以来偏重于培养教师的专业技术操作能力，弱化了对教师教科研能力考核的要求，教育科研氛围不够浓厚，教师教育教学理念未能及时更新，教师融合教学能力难以承载现实的教学任务，难以胜任将新教育技术以工具的形式与课程融为一体的教学改革要求。

现代物流管理专业具有学科交叉融合的特点，是一门有较强实践性的应用型学科，教师应首先走入实践，介入企业经营活动，而不是拘泥于书本或现成的案例材料。而大多数教师缺乏企业经历，对项目的把控力不足，在日常实践教学中存在不少困难，专业融合教学更是无从下手。且一些学校教师除了缺少企业实践机会外，也缺少专业融合能力系统的培训，加上教育资源的限制及倾斜，即使能有短期培训项目，也基本是文化教育类培训，对于专业教学融合急需的教学提升、实习指导，包括心理辅导类的培训非常稀少。对于教师而言，想有一个专业能力再提高、教学融合能力再提升的机会非常困难，这些都束缚着教师专业融合能力的发展。

5. 专业同质化现象严重

从近两年现代物流管理专业点的新批和撤销情况来看，其基本保持平衡。但这也反映出来部分高职院校在现代物流管理专业建设与发展过程中，由于专业竞争力弱等问题，处于留与不留的两难境地。导致这一问题出现的一个重要原因，就是各高职院校的现代物流管理专业同质化现象严重，专业特色不明显，同类专业之间差别不大，专业不能与学校所属行业、所属区域经济发展趋势等有效融合，从而出现"千校一面"的现象。

6. 专业边界过于明显

从学科属性来看，现代物流管理专业归属于管理学科（管理科学与工程或工商管理一级学科）。在传统理念下，各专业往往独立发展、边界明显，现代物流管理专业与同一学科内部的其他专业（如信息管理与信息系统、市场营销等）能够有一些交叉，然而跨学科专业之间（如金融学、国际经济与贸易等）的交叉往往很少，这导致专业培养方案设计中平台类课程过少，而专业课过细、过多，达不到资源共享、人才共育的目标。同时，管理学科与工科、理科等学科的交叉融合难度更大。由此，如何打破专业边界，实现"管工融合"的跨学科的现代物流管理专业融合发展，成为一个难点问题。

二、高职现代物流管理专业教学现状

(一) 专业课程体系单一

随着教育制度的不断改革，部分高等院校还停留在板书教学的模式上，忽略了以学生为主体的教学方式。枯燥繁多的专业理论知识完全靠教师的板书，很难引起学生的学习兴趣，阻碍了学生对理论知识的掌握。另外，我国工程现代物流管理专业的相关理论体系和学科体系不够完善，难以支撑社会对现代物流管理专业人才的需要。部分院校还存在部分教师将人才培养理解为简单的课堂教育，缺少了必要的现场实践，部分院校还存在场地受限，场地实践只面向精英，并不能面向全部学生，这就使部分学生体验不到国家政策所带来的福利，不能充分掌握所学专业的专业知识。此外，学校与企业之间存在未能及时沟通情况，不能针对学生提供对口的专业岗位。企业各职能部门之间也存在统筹不畅、管理不清的情况，不能为学生提供"双师型"教师，兼职教师居多，这就使学生得不到专业的理论支持。企业内部也存在管理体系不完善的情况，不能循序渐进地向前来实习的学生提供有序的技术和理论知识支持。同样，高等院校存在课程体系不完善的情况，未能及时建立多样的课程供学生选择，这就使得专业课程和实践课程不能融会贯通，不能很好地顺应教学理念发展的趋势。

（二）缺少实践教学设备设施

随着信息技术和网络技术的发展与普及，越来越多的高职院校引进先进的教学设备，目的在于更新教学模式与方法、提高教学质量，实现人才培养目标。可从实际来看，虽然有的学校顺应时代发展趋势增设了许多现代化教学设备，但实践方面的教学设备设施却凤毛麟角，限制了实训课程的设施，导致实践教学效果不佳。

（三）理论教学与实践教学脱轨

现代物流管理专业有较强的实践性，要求教师通过多元化的实践教学提升学生的实践操作能力，加强与理论教学之间的联系。可从实际来看，受限于教师的实践技能、教学模式、实训环境等多种因素，所呈现的教学过程大多是教师主动"填鸭式"的理论教学，少量的实践教学是教师在现有实训环境下预先设计好实训内容，学生根据教师的示范和实训指导教材进行训练，很难达到教学效果。

（四）考核方式相对简单

现阶段，高职现代物流管理专业课程采用理论知识考试和单一的实操技能考核，对于学生的创新能力、实训态度、团结协作能力等无法进行有效考核，难以检验学生岗位职业能力的实际情况。

三、高职现代物流管理专业人才培养现状

现代物流业的发展与物流人才的培养紧密相关，但纵观各高职院校现代物流管理专业的人才培养情况，不论是人才培养模式，还是课程体系构建，都没有突出人才培养特色。

（一）现代物流管理专业人才无法满足市场需求

我国社会经济的飞速发展，迅速提升了我国的城镇化水平，越来越多的工程出现缺少物流管理人员的现象。据调查，一个普通工程需要 2～3 名物流管理人员，而一些相对比较大的工程至少需要 5 名以上的物流管理管理人员。目前我国物流管理人员的缺口很大。一些地区的基础设施建设有了相应的资金和技术支持，城镇建设企业也在飞速发展，现代物流管理专业人才的缺乏严重阻碍了我国的经济发展。

（二）"双师型"教师建设不完善

我国现代物流管理专业的人才培养起步较晚，"双师型"教师建设不完善。不管是过去还是现在，部分人对于"双师型"教师还存在分歧，有人认为只要有教师资格证和职业技能证书就算"双师型"，也有的人认为除了有教师资格证以外，必须在相关工作岗位从事一到两年的工作经验才算"双师"。从国家角度去看，国家支持"双师型"教师队伍的建设工作，颁布了一些法律政策，但从具体实施上来看，效果不容乐观。对于"双师"的评判标准定位不清，导致各高等院校教师水平良莠不齐，国家应制定相应的衡量标准。尽管近几年国家大大提高了教师的福利待遇、员工激励、职位晋升等，但由于我国的教育资金全部是由国家统一下发，一些"双师型"教师的待遇条件没有明显改善，这就导致了教师在自我提升的懒惰性，缺少了学习的积极性，无法真正做到激励普通教师向"双师型"教师的转换。另外校区中企业兼职老师较少，且任课时间较短。高等院校对企业兼职老师不够重视，简单应付国家政策，只是简单聘用几个企业兼职老师到学校开展知识讲座，或者是指导学生顶岗实习工作，严重忽视了企业兼职教师的重要性。部分企业兼职老师还存在能力偏低的情况，企业兼职教师缺乏课堂教学经验，在课程的传授上，对课堂氛围的把握情况也是良莠不齐，这些或多或少都会影响学生的学习效果。我国现代物流管理专业同样也是如此，"双师型"教师队伍严重缺

乏，很难为学生提供充足的技术支持，严重阻碍了现代物流管理专业人才培养的发展。

（三）物流管理人才培养目标不够清晰

高职院校直接与社会对接，必须明确人才培养的目标，形成准确的培养定位。然而很多高职院校缺乏市场调查，不能及时了解社会发展的动态。高职院校需要根据实际的本土物理行业需求进行办学以及专业调整。高职现代物流管理专业的课程设置一般分为专业基础知识和专业实践学习，通过拓展学习课程提高学生掌握专业知识的能力。现在很多学校开展的一些知识课程与培养目标并不一致，比如说一些院校开展的毛概、计算机专业等公共课程作为基础应用应该在专业课程体系中占有较低比例，根据课程内容的不同，提高专业课程占比才是正确的做法，高职院校课程设置一视同仁，没有设定一定的区别，教学设置和课程内容上相互脱节。

（四）缺少明确的市场导向

有些学校进行高职现代物流管理专业人才培养工作时，存在对市场导向不够明确的问题。由于部分教师物流行业实践经验匮乏，所以在物流教学方面缺少直观的理解和认识，对市场需求的人才类型不敏感。学生在校时较少关注社会当前对现代物流管理专业人才的需求，缺少市场方面的引导。有的院校受传统思想影响，教学多注重理论知识的掌握，对于实践操作缺乏重视，导致学生毕业后不足以胜任就业岗位。

（五）学生学习兴趣和参与热情不高

综合分析现代物流管理专业教学质量及教学效果不难发现，部分学生的参与热情较低，不论是对基础理论知识的学习还是实践训练都缺乏兴趣。究其原因在于传统教学模式与方法的使用，课程教学中学生被动接受知识和技能，无法发挥主观能动性，久而久之就会失去学习兴趣。另外，部分教师缺少正确引导，一些学生对现代物流管理专业存在错误的认知，认为只要毕业后拿到证书就可以在该行业找到工作。殊不知，随着物流行业的发展，其对人才的要求也会越来越高，如果教师能够加强引导，可以端正学生的看法与思想，增强他们的学习热情。

第二章　高职现代物流管理专业建设的基本构想

专业建设是指通过专业结构与产业结构相匹配，以发展特色品牌专业、完善师资建设等为目标，为培养所需人才而实施的一系列建设活动。本章分为高职现代物流管理专业建设的理论基础，高职现代物流管理专业建设的保障体系，高职现代物流管理专业建设的评价、反馈体系三部分。

第一节　高职现代物流管理专业建设的理论基础

一、经验主义课程理论

经验主义课程理论的典型代表人物杜威（Dewey）认为，课程理念应以经验为基础，但并不是所有的经验都可以被当作课程来看待，只有对儿童发展起正面促进作用的才可以算是课程。在该理念中，"经验"是教育的目的，同时是教育的方法。经验就是培养思维、锻炼思维的过程，也是习得知识的过程。经验必须有连续性，要建立一种科学系统的联系，需要充分了解儿童，遵循其成长特点。

遵循学生身心发展需要，把握课程设置与社会生活存在的内在联系，组织建构符合高职学生身心发展的规律，需要联系高职学生的生活，激发他们的学习兴趣，在实践教学中探究岗位职业能力与课程设置存在内在相关性，激发学生的好奇心、提高学生求知欲，努力寻找系统知识与直接经验的内在联系。

二、建构主义理论

（一）建构主义理论内涵

建构主义认为学习者是以自己原有的经验为基础，通过对客观世界的主观认知与理解来构建意义的。建构主义作为一种学习理论，主要有以下几个特征。第一，学习者是在与外部环境，如学生、教师、学习资源等，相互作用下主动建构新知识，强调学习者对所获知识的深层理解。所谓深层理解，就是指能够灵活运用知识，把所学的理论知识根据现实中的真实问题做出相关决策。第二，建构主义既强调以学习者为中心的学习，但学生并不是随心所欲进行探究，而是在教师的有效指引下，所以教师的重要性不能忽视。学生者是在教师有针对性的支持和引导下，去思考、探索和实践的。教师要针对性地组织学生进行有效学习，促进学习者的意义建构。第三，学习者是在与他人的交流、沟通和协作中获取并建构认知结构的。学习者要学会如何倾听和理解他人，在沟通合作的过程中，从不同角度对知识产生新的认知与建构。第四，学生者倾向于在更接近真实、更符合实际情况的情境性进行学习，以学习者个人原有的经验、心理结构和信念为基础来建构新知识，赋予新知识以个人理解的意义。

（二）建构主义基本观点

建构主义的学习理论认为，学习者通过自己的经验和方法来主动构建知识，是一种积极主动的学习过程。"建构"是指学习者接受和加工外部信息和刺激，并赋予其意义的过程。在此过程中，由于文化背景、个人观念、思想感情等原因，学生所学习的内容也不尽相同。

建构主义强调学习的社会互动性。个体在建构知识的过程中离不开社会这个至关重要的因素，个体只有在社会环境中，通过交流与协作才能完成个体的主动建构。学生通过与教师和同学的对话、商议、沟通中建构知识的，学习的相关资源和用具以及学习环境等也都属于社会，学生通过社会化的互动内化形成自己的知识和技能。

情境性是指学习者通过一定真实的情境，激发其学习的兴趣，使知识更容易理解和内化。特定的学习情境，会影响学习者知识的建构，在不同的情况下，学习者需要根据具体不同情境对知识再创造，而不是简单的套用。通过创设情境，提高学习者主动参与学习的积极性，这样不仅能优化教学效果，也能调动学习者学习的主动性。

建构主义教学观与传统的教学观存在很大区别，传统教学观认为学习就是以教师传授知识为主，学习者学习只是简单的过程。但建构主义教学观认为学习者是带着各自已有的经验进入教室的，教师因从学习者的经验出发，使学习的知识落在学生可能的建构区范围内，使学习者的学习更有意义。

建构主义教学观在教师的角色方面产生了重大转变。教师从传统教学中的统领者转变为教学的引导者，在教学过程中组织学生进行有效、深入的学习，给予学生充分思考的时间与空间，让学生自己去构建新的认知过程，使学生的主动性和能动性得到更大空间的释放。与过去相比，教师的地位和作用并没有因此转变。

教师是学习者学习环境的构建者，通过创设教学情境，教学内容以真实性任务为宜，目的在于解决现实生活中存在的或可能存在的种种问题。教学遵循学生的心理和生理发展特点，制造学习者在认知上的冲突以引起学习者的反省与思考，关注学生在学习中的情感体验，注重非智力因素的发展。

建构主义教学观在教学设计上更注重学生的互动学习和实际体验。建构主义者提倡合作学习，建立学习共同体，教学方式应该是通过师生间、同学间的互动沟通、辩证协调以及再构建的过程使学习者构建知识，因此产生了多种教学设计模式。

（三）建构主义教学模式

1. 支架式教学

根据欧共体"远距离教育与训练项目"的有关文件："支架式教学应当为学习者建构对知识的理解提供一种观念框架这种框架把学习者的复杂任务分布简化，引导学习者由浅入深进行探究，直至学习者完成自己意义的建构。建构主义者是以维果茨基的"最近发展区"理论为基础，借用建筑行业中使用的"脚手架"作为概念框架的形象化比喻。教师在设计教学时，不能仅适应儿童现有智力的发展水平，而是既要考虑到学生的现有发展水平又要充分考虑到他可能达到的较高的水平，积极为学生搭建支架，帮助学生更有效地进行意义建构。所以教学要走在发展的前面，向学生提出更高的发展要求。

支架式教学理论要求教师在教学中将学生看成建筑，将学生的学习过程视为一个不断地、积极地建构自己的过程，而将自己看成一个必要的"支架"或者说是"脚手架"，通过各种方式，比如设计引导性的问题、出示吸引人的教具、创设特殊情景等，即建立教学支架，给予学生相应的支持，去帮助不同学生不断建构自己，不断建构新的能力，最终提升自我。这种区别于传统以教师为中心的教学方式更能促进学习者的有效学习。

2. 随机进入式教学

随机进入式教学模式的基本思想来源于"认知弹性理论"。它主张一方面要提供学生建构理解所需的基础，另一方面又要留给学生更多思考的空间，促使他们能够在特定的情况下选择已有的知识经验去解决问题。认知弹性理论的目的是提高学生的理解力和知识转移能力。我们不可能简单地直接用原有的经验去解决实际问题，而是只能根据特定的情境，以原有的知识为基础建构用于解决问题的新方式。

随机进入式教学强调创设不同的情境，鼓励学生在真实的情境中去灵活运用知识，促使学生对知识有更全面和深刻的认识和理解，发展迁移知识的能力，提高学生对知识灵活运用的能力。教师不再是课堂的操控者，而是为学生提供机会，从学生的生活经验、知识水平出发，创设情境，为学生提供和他们生活相关的学习的素材，引导学生主动参与到学习活动中，有利于学生借助已有的知识经验探索解决问题的方法。

3. 抛锚式教学

抛锚式教学始终强调学习者的主体地位，在进行意义建构的过程中，要求以学生为中心进行教学，通过学习者主动搜集和分析材料、数据，对所学习的问题提出各种假设并努力加以验证，最后在老师的指导下和同学的讨论中得到正确的结论。

抛锚式教学策略强调学生的自主学习，学生要自主收集资料，并进行处理加工，教师在学习过程中只起一个引导的作用。通过树立"锚点"，使学生能够自主发现问题情境中的关键特征，了解所需解决问题之后，教师就放手让学生进行自主学习。在运用抛锚式教学时，教师需要创设以生活中真实的事件或问题为情境的学习背景，引导学生将理论知识运用于具体的实践中，学会融会贯通，进行深度学习，而不是停留在肤浅的理论学习上。抛锚式教学有时也被称为"实例式教学策略"或"基于问题的教学策略"。

三、精益管理理论

精益化管理，最早存在于精益生产，麻省理工率先提出精益生产的概念，他们针对"国际汽车计划"这个项目给予充分研究的过程中，据不完全统计可得，丰田具备的生产组织、管理方法能够满足现代制造业的各种需求，被叫作精益生产。精益化管理实际上属于指导思想，也可以将其看成是管理艺术，主要包含科学性、艺术性，同时需要将精益求精的追求当成目标。

精益管理最早被应用在生产系统，现如今逐渐发展至各个层面，从最开始详细业务管理方法逐渐演变成战略管理理念。精益管理不是一蹴而就的，它强调持续的改进，需要持续增强客户满意度、减少成本、增强质量和优化资本投入，能够在一定程度上让股东价值达到最大化。

"精益思维"的重中之重就是让企业通过最少的资源投入（主要包含人力、资金和材料），来获取最多的价值，将新型产品和优质服务提供给客户。精益管理强调企业的每项生产、经营等层面都需要有效利用"精益思维"。精益思维具备的重要理念是降低投入、赚取相对较多的收益，低投入主要包含成本少、时间少和设备少；收益多主要包含较为丰富的价值、良好的产品、满意度高。并且需要将客户当成导向，进而能够将满足其需求的产品或服务提供出来。

国外学者把精益思想整理成五种原则：始终追寻完美；用户持续推动生产者价值；进一步明确产品和服务的价值；详细探索到产品或者服务的价值流；价值流保持不间断流动的状态。

四、精益物流理论

精益物流的思想是由精益生产思想演变而来的，也是精益思想运用于物流管理的产物。它需要在客户需求的基础上制定相对应的目标，能够在一定程度上将客户渴望的物流体验服务提供出来，同时把服务过程精益求精，将成本降至最低，使得服务增值效益达到最高。它需要将客户的需求当成生产驱动力，是价值流的重要出发点。

处于达成精益物流的状态下，必须清楚地认知价值流，因为只有价值流的顺畅流动能够保证精益物流的顺利开展，价值流的源动力是客户需求，这也是精益物流的关键，同时精益物流强调持续优化物流活动，由于精益物流隶属在动态管理范围内，能够把持续优化、追寻完美当成精益物流的生命。必须持续优化才可以让浪费降至最低，经常会出现新的价值流流动，处于这种状态下，将会造成新型浪费，因此必须由更深层面改进，使得物流中成本明显下降，能够让生产周期越来越短、减少浪费，所有员工协调一致、共创辉煌，最终可以达成持续发展，使得整体物流管理水平显著提高。

首先，精益物流需要将客户需求当成核心，必须对客户给予足够的重视，持续探索管理客户关系的质量问题可以对精益物流活动的开展造成严重影响。

其次，准时作业是精益物流的特征，由精益物流的本质来讲，速度并不仅仅意味着快，因为速度太快会导致储备的数量不断增加，更为严重时会产生快而出错的现象。

再次，强调合作是以加强沟通和交流，能够在一定程度上让价值链上的所有环节处于充分合作的状态，进而能够促成整体发展，使得整体效益的利益最大化得以达成。

最后，只有形成供应链集成，才能够真正实现精益物流，通过应用信息化技术，无论在组织管理环节、还是运营流程环节，均建立信息化集成的服务网络，才能保障精益物流的实现。

五、校企合作理论

校企合作是指学校与企业建立的一种注重培养质量，注重在校学习与企业实践，注重学校与企业资源、信息共享的"双赢"合作模式。当前社会竞争激烈，大多数中专院校等职业教育院校为谋求自身发展，抓好教育质量，采取与企业合作的方式，有针对性地为企业培养人才；也是实现产教融合的具体落实，学习与企业的合作，当然这应该是一种深度的合作，企业进学校，学生进企业，深入一线。校企合作做到了应社会所需，与市场接轨，与企业合作，实践与理论相结合的全新理念，适应社会与市场需求，学校通过企业反馈，有针对性培养人才，结合市场导向，注重学生实践技能的培养，更能培养出社会需要的人才。

（一）学校引进企业模式

将企业引进学校后，也就是将企业的一部分生产线建在校园内，就可以在校内实行的"理论学习"和"顶岗实训"相结合的模式。这种模式既可以解决企业场地不足的问题，同时也解决了学校实习实训设备不足的问题，真正做到企业与学校资源共享，获得产学研相结合的多赢途径。

（二）劳动和教学相结合、工学交替

实施方式大致采取了如下两种：

一是工读轮换制。把同专业同年级的学生分为两部分，一半在学校上课，一半去企业劳动或接受实际培训，按学期或学季轮换。

二是全日劳动、工余上课制。学生在企业被全日雇佣，顶班劳动，利用工余进行学习，通过讲课、讨论等方式把学习和劳动的内容联系起来，学生在学校学习的系统的课程，到企业去进行技能提升训练。

(三) 校企互动式模式

由企业提供实习基地、设备、原料，企业参与学校的教学计划制定，并指派专业人员参与学校的专业教学。企业优秀管理者或技术人员到学校授课，促进校企双方互聘，企业工程师走进学校给学生授课，同时学校教师给企业员工培训，提高员工的素质。通过校企双方的互聘，使学生在教学中获得技能训练的过程，既是提高专业技能的过程，也是为企业生产产品、为企业创造价值的过程，既解决实训材料费紧缺的问题，又练就学生过硬的本领，真正实现在育人中创收、在创收中育人。

(四) "订单"式合作

学生入学就有工作，毕业就是就业。实现招生与招工同步、教学与生产同步、实习与就业联体，学生是由学校选拔的学生和企业招收的员工组成，教育的实施由企业与学校共同完成，培训和考试内容来源于企业的需要，开设为本企业所需的专业技能和实习课程，企业在具体的职业培训中发挥着更为重要的作用。根据企业需要进行短期的技能培训，培训完后，经公司组织考核合格，就可按合同上岗就业。这种合作针对性强，突出了职业技能培训的灵活性和开放性，培养出来的学生适应性强，就业率高，就业稳定性强。

第二节　高职现代物流管理专业建设的保障体系

一、构建以实践教学为主体的教学体系

现阶段，随着社会经济的发展，科学技术水平的提高，不同类型的平台服务商、物流云平台企业的建立等，在一定程度上也为高职院校提供了一定的优化创新的条件。因此，在高职院校现代物流管理专业中，相关管理者及师资团队，要具备与时俱进的思想意识，保持共享合作的思想，以共赢为目的，促进校内外的实践平台建立。

学校要满足不同方面的实践需求，在校内外实践基地建设方面，应该积极寻找社会资源。一方面不仅要加强校内实践场所和设施设备的建设，还要提高校内

设施设备的使用率以及使用效果；另一方面要充分利用企业资源，利用其设施设备以及工作场景，让学生获得实践技能与经验。

针对教学任务，在实践教学开展的过程中，要重视实践的内容与方式，对实践教学环节做好监督，以保障专业实践教学取得良好效果。实践成果评价机制要从重视结果转向结果与过程同等重视；要通过建立校企联络员制，加强学生实践教学管理。

二、建设现代物流管理专业"双师型"教师队伍

建设现代物流管理专业"双师型"教师队伍，是培养"智慧＋应用"物流人才的前提。学校在招聘新的物流管理专业教师时，应优先考虑具有物流领域工作能力和物流应用实践能力的教师。学校应鼓励和支持物流管理教师多参与物流行业活动和培训，带薪进企业实习，走出去深造，把握智慧物流市场发展动态，学习先进物流技术，进而提高师资水平。同时，学校可聘请物流企业专业人士担任兼职教师，将企业工作经验融入学生课堂实践教学，提高学生解决实际物流问题的能力。

高水平师资队伍是一种保障，支撑着应用型人才的培养。由高等教育内部关系规律可知，教育促进人的发展，而师资队伍是促进人发展的重要保障。因此，高职院校要引进领军人才、专业带头人，要加强"双师型"师资队伍的建设，完善教师评价奖励机制。

领军人才、高水平的专业负责人就相当于师资队伍的领航者。领军人才拥有高水平、高能力，能够很好地带领、指导、组织教师队伍共同完成科研创造、创新，完成学术研究以及教学团队合作等，确保师资队伍的高凝聚力、高学术水平、高教学水平，从而保障一流专业的建设。

学校在地理位置与声誉都不占优势的情况下要有足够的资金保障，吸引领军人才与专业带头人的加入，要给予引进的人才足够的权力，学校管理者以及教师要积极配合，使其能够毫无顾虑地发挥自身能力，带领学校教师创造高水平成果。加强"双师型"师资队伍的建设，要真正落实聘请企业经验丰富的人才进入学校做兼职教师，这些兼职教师一般都有丰富的实践经验，还有先进的管理办法，不仅可以教授学生最先进的实践技能，还可以与学校内的教师交流经验，相互学习。与此同时，教师要定期到企业挂职等。要想达到"双师型"师资队伍建设的目的，不能只是出台文件，而是要真正落实到位。有些高职院校重视对于教师实践能力的锻炼，并且积极聘请企业人才做兼职教师，但是学生的反馈却不是

很理想，说明学校在加强"双师型"师资队伍的建设方面，仍需要继续努力。

专业自身的建设中，教师的有力支持是非常关键的，因此必须给予充分的保障。

良好的教师评价奖励机制更能激发教师的内在动力，使得教师主动寻求发展和进步，更有利于师资队伍水平的整体提升。

完善教师评价奖励机制的前提是要对于教师的科研和教研制定合理的评价方式，完善教师奖励机制，设立专门的奖励基金，对于教学水平高的教师予以嘉奖，同时积极支持教师进行学历提升或是学术、教学等能力的提升，为教师提供进修学习、学术交流的机会。

在为教师提供充足的发展空间和满足各种发展需求的基础上，激发教师的奋发精神，激励教师积极投入教学与教研工作，激励教师自觉提升个人能力与素质，从而达到师资队伍整体水平较高的状态。

三、构建双育双融、产教协同的人才培养模式

关于构建教育教学体系，校企共定现代物流管理专业人才培养方案是关键，因此，我们需立足于地区经济和物流行业对人才素质的总体要求，在具体的教学过程中加强校企合作、产教融合、工学结合，使培养目标得以实现。

一是构建现代物流管理专业学徒制专业支持协同机制。根据高职院校和订单企业签订的学徒制订单培养校企合作协议，高职院校应加大现代物流管理专业学徒制订单班的招生宣传力度，增强订单班的生源吸引力，增加订单班的招生规模，逐步提高入口生源质量，扩大人才供给侧——订单班的培养规模，既解决了订单企业实际用人需求，又拓宽了学生有效就业渠道，保障学徒制订单班的办学需要。作为人才需求侧，订单企业应积极拓展产教融合深度，加大对高职院校现代物流管理专业的支持力度，可以向高职院校捐赠用于教学、科研及社会服务的先进实训设施设备，提高高职院校实训设施设备的现代化程度，促进学校专业技能培养与企业岗位需求的无缝对接。受赠设施设备产权既可以属于高职院校，统一建档入账，纳入高职院校资产管理范围；也可以属于订单企业，高职院校只享有受赠设施设备使用权，但应单独建账管理，从而最大限度发挥受赠设施设备的协同育人价值。

二是高职院校和订单企业共同组建企业冠名的物流产业学院。高职院校和订单企业可建立更全面、更紧密、更深入的产教融合协同办学机制，立足服务区域物流产业高质量发展和新时代高职院校高质量发展的现实需求，双育双融、产

教协同，积极打造企业冠名的物流产业学院。通过校企双主体协同建设高水平专业、协同开发课程标准、协同打造师资团队、协同开展实习实训、协同设立研发中心等，共同拓展区域物流资源和区域物流市场，促进区域物流产业资源对接高职院校现代物流管理专业建设。同时，订单企业和高职院校还应积极构建现代物流管理专业学徒制学生奖助协同机制。订单企业可加大订单班的奖学金和助学金资助力度，扩大获奖学生面，增加获奖学生人数，加大奖学金和助学金数额，让每个订单班学生切实感受到订单企业的关心和温暖，切实增强学生对订单企业的归属感和认同感。校企双主体应协同拓展产教融合领域，探索新办学模式，校企双方深度协同参与彼此专业教学改革和企业技术服务，突出产教融合协同机制对校企双方的实质性贡献力度，以更加开放的视野和持续的改革创新提升办学效能，提高人才培养质量。

四、结合工匠精神促进专业建设

在互联网飞速发展的时代，物流行业在经济发展中起到了一定的推动作用。物流作为现代服务业中的重要行业，其自身发展水平也随着时代的变革而不断变化和提升，相比于传统的物流行业，对于信息时代背景下的物流行业人员的职业素养要求更高。高职院校在现代物流管理专业建设过程中，要能够通过对行业发展进行深入探讨来制定专业建设策略。无论行业技术领域如何变化，工匠精神都是不变的职业素养。在高职院校现代物流管理专业教学中，要能够认识到工匠精神对学生职业发展的重要性，通过多种形式和方法来提升学生的职业素养，使其成为具有时代特征的优秀物流人才。

五、更新专业发展理念，树立精准培养目标

一流专业的建设需要正确处理一流专业建设内涵与学科建设、产业、行业、企业以及社会需求的关系。高职院校在一流专业建设过程中，要把学科和专业以同种重视程度共同建设，并且促进两者有机结合，达到共同提高的目的。专业自身在建设过程中，要注重专业发展理念的更新，一流专业的建设还要突出专业特色，与"新工科、新文科"建设相结合，专业发展理念、定位要与学校办学理念、定位相契合，培养一流应用型人才。

专业培养目标的定位与社会经济发展，产业、行业、企业升级等，互相之间有影响，因此，高职院校不仅要紧扣"应用性、特色性"，而且还要关注地方行业、产业、市场等需求的变化趋势，立足于地方优势和资源，打造地方特色。高

职院校要对培养的物流管理人才具备清晰的认识，明确其是否适应并能促进地方经济发展，杜绝培养目标的理想化。

第三节　高职现代物流管理专业建设的评价、反馈体系

一、建立以职业能力为导向的专业评价体系

（一）现代物流管理专业评价指标构建原则

对高职院校现代物流管理专业评价指标的选取是研究分析的第一步，也是分析实践能力的基础，指标选取得是否合理，直接决定研究结果的准确性，因此，在确定指标时，就需要按照一定的原则进行选取。

1.系统性原则

关于高职院校现代物流管理专业学生实践能力的评价体系包括多层次的指标，是一个立体复杂的评价体系，涉及职业能力、专业能力、个人素质等各方面因素，所选取的指标之间可能存在相关性，所以在研究过程中就需要系统地调节，从而使选取的每个指标都具有一定的含义。

2.客观性原则

指标的选取要符合实际，符合事实。在进行选取和打分的时候，要以事实为依据，不以个人的判断为准则，确保指标以及分析结果具有真实性和可靠性。

3.可操作性原则

任何指标的选取，最终都是为了进行问题的分析与研究。这要求选取指标时，要结合现有研究，同时遵循简单、易懂的要求，不做模糊不清或难以定位的指标界定。

4.代表性原则

通过对之前关于学生实践能力的指标选取研究分析，目前文献中建立的指标体系侧重点都有一定的区别，因此，在选取指标时，就需按照实际的需求以及调研目标，确立最符合的指标体系。

(二) 评价体系构成要素确立原则

评价体系构建过程中，不仅要确保每一级构成要素具有清晰的来源，还要严格依据构成要素确立的相关原则选取各构成要素。评价体系构成要素的确立原则对体系的构建具有重要引领作用，通过对相关文献中的评价体系构成要素的分析，发现部分评价体系中的一些构成要素的选取未能严格遵循相关原则条件，从而导致评价体系中的指标存在重复现象以及难以评价的现象等，故评价体系构成要素的确立务必遵循以下相关确立原则，从而构建出一个实际可行的、可操作的、科学有效的高职院校现代物流管理专业评价指标体系。

评价体系的构建旨在为高职院校现代物流管理专业提供一个切实可行的、具有反馈及改进作用的改善方案，通过提高高职院校现代物流管理专业评价工作的质量，从而确保能够对高职院校现代物流管理专业质量起到保障作用。

1. 明确性原则

在确立现代物流管理专业评价体系构成要素时，要保证构成要素的名称及描述是明确的、具体的，构成要素必须切中特定目标，不能笼统地泛泛而谈，也就是说评价主体在面对评价问卷的时候可以正确理解每个构成要素及其相对应问题的含义。

2. 独立性原则

在确立现代物流管理专业评价体系构成要素时，除了要使单个构成要素意义明确，还要确保它们两两之间具有独立性，构成要素之间不存在意义相交叉重合的部分，没有语义不明、指代不清的情况，如每个一级、二级和三级构成要素内部之间及相互间不存在要素名称相似与重合，还必须使每一个描述与相对应的构成要素保持独立性。

3. 可行性原则

可行性原则又称可操作性原则，根据该原则的名称可以将可行性理解为构成要素的确立必须能够起到评价作用，即行之有效的意思。目前，部分研究在确立评价体系构成要素时，未能将测评者的角色代入，未能考虑到测评者实际情况是否能对相关构成要素做出评价，造成构成要素的选取缺乏可行性，从而导致评价体系的可操作性低。

构建高职现代物流管理专业评价体系的直接目的是要将其作为一种能够测量、改进高职现代物流管理专业质量的工具，实际运用于高职院校现代物流管理专业人才培养质量的测量与评价活动中，从而得到方案实施的实际情况反馈。所以在对评价体系进行设计时，应当尽量做到构成要素条目数量恰当、评价标准表达清晰、各要素权重合理等，确保测评对象能够真实有效地对构成要素做出评价。

总之，评价体系简洁易操作，能够降低评价难度与评价工作量是可行性原则的体现，也是实际评价活动开展的要求。

4. 实践性原则

现代物流管理专业评价是高职院校完成、改进现代物流管理专业建设的有效途径。实践出真知，这是永恒不变的真理。因此，对现代物流管理专业评价体系的构建必须从实践育人的理念出发，选取与现代物流管理专业活动相贴合的构成要素，真实评价现代物流管理专业的构成要素，才能从评级中获得与学生实践学习有关的有效信息，通过关注构成要素对预期目标的影响程度，从而对相关构成要素进行调整与评价。

高职院校在开展现代物流管理专业评价时务必要凸显实践性原则，实践教学的实践性体现在高职教学活动的方方面面。实践教学的主要目的和任务是培养学生的岗位实践能力，其主要活动有实验、实训、实习等，无论在哪个阶段都要求教师必须注重实践性教学且亲身示范，无论哪个阶段的实践教学活动都强调学生自己动手操作，掌握物流管理岗位技能。

（三）现代物流管理专业能力评价要素

1. 评价目标

确定各个指标的范畴和具体内涵，界定各个指标的评价目标。定义所选取的指标因素，并对上述指标因素进行分类和重要度区分，在此基础上对选取的所有指标进行研究分析，最终确立目标。

2. 评价准则

在评价准则中包含 4 个评价指标，即个人基础素质、个人核心能力、行业通用能力和物流行业特定能力。一个学生的个人基础素质决定了其实践工作的行为方向，因此个人基础素质是最基本的评价指标。

一个人的核心能力是在实践中必不可少的素质。而物流行业的从业者，必须具备行业的通用能力，才能胜任基本工作。为了实现个人和组织的长期良好发展，则需要具备物流行业特定能力。

3. 评价因素

（1）基本技能

物流行业从业人员所必须具备的个人基本技能体现在听、说、读、写、算等基础方面。个人的基本技能，是在物流工作中都需要有所运用的，每个人的能力也不同。例如语言表达能力的强弱，影响着团队中的沟通，外语的应用能力则影响着个人未来的职业发展。因此，基本技能是人人所必备的能力，同时也可以反映出一定的能力差异。

（2）职业道德

只有具有良好道德水平的人，才能在处理问题时从整个公司的利益出发，不会因为个人利益而损害公司利益。因此，职业道德也是评价学生实践能力的指标之一。

（3）责任意识

责任意识指的是物流从业人员对自己工作所具备的责任感。这包括对工作内容的积极负责，也包括对问题的勇于承担，更包括对风险的勇于挑战。

（4）上进心

上进心指的是个人积极进取、拼搏奋斗的决心。强有力的上进心，是促使个人努力工作、勤于思考的源泉，只有个人有着积极发展的决心，才会有正面向上的行为。

（5）组织适应能力

组织适应能力指的是物流从业者在从业过程中，能够适应不断变化发展的组织环境和社会环境，能够与组织内的成员相处，能够接受来自他人的质疑，也具有一定的组织影响力。

（6）团队协作能力

团队协作能力指的是能够与团队成员共同合作、完成任务，实现对组织资源的计划组织。具体包括能够倾听他人的意见与反馈，可以进行有效的沟通与谈判，在必要时能够进行一定的团队指导。

（7）沟通协调能力

在实际工作中，会涉及很多业务流程和各行各业的人。因此，物流从业人员需要具备沟通协调能力，以保证工作顺利开展。

（8）物流过程管理能力

物流过程管理能力指的是对物流环节中各个过程的管理能力。

（9）市场开拓能力

市场开拓能力指的是对企业所在的物流市场不断扩展的能力。任何企业的可持续发展，不仅要依赖对忠诚用户关系的维持，更要依靠不断扩大的市场份额。因此，市场开拓能力也是帮助企业发展的重要实践能力之一。

（10）信息管理能力

物流从业人员还需要具备对物流信息搜集、处理以及应用的能力。

（11）物流业发展规划能力

物流业发展规划能力包括对物流业的研究、开发和专业拓展能力。物流企业的从业人员，不仅要对当前企业和行业的问题具有良好的解决能力，还需要具有长远性眼光，进行企业的长期发展规划，以及行业长期发展形势的判断。

（12）实践问题解决能力

实践问题解决能力指的是对实践过程中遇到的问题的分析和解决能力，能够把物流理论、团队方案、优秀思想和认识转化为具有可操作性的实践工作过程的能力。同时，也包括个人在面对物流管理各个流程中出现的问题的反应与处理能力。

（13）物流方向创新能力

物流方向创新能力指的是在物流方向的创造性思维和预测分析能力，包括对非常规问题的解决能力和对物流环节、物流质量提升的持续性改进创造能力。对整个物流方向的创新思考，保持求知欲，也是实现个人可持续发展的必然要求。

（14）物流领域自我提升能力

物流领域自我提升能力指的是在物流管理领域，对自身职业能力的进一步发展潜力和对自我认知不断提升的能力。保持对自我提升的要求，反映了个人的规划，进而反映出个人的长期价值，这也是专家和物流管理者所看重的个人能力特质。

二、构建由行业专家和教育专家组成的专业委员会

有企业（行业）专家参加的"专业委员会"是专业建设吸收社会，特别是行业全面信息的最重要途径。委员会的专家是行业的权威，他们所反馈的信息，是行业的最新信息，对专业建设具有举足轻重的作用。新建的现代物流管理专业，应尽快建立由一线物流行业专家和教育专家组成的专业委员会，指导专业教学，把握教学工作总体方向。

专业委员会的主要任务是根据物流企业的需求和发展，通过分析、研究、研讨和咨询等，制定本专业领域具体的培养计划及实施性培养方案，并对教育教学过程进行监控和评估，对毕业生的就业提供必要的指导。目前，有的学校虽成立了有企业、行业专家参加的"专业委员会"，但很少活动，形同虚设，只能起"装饰"作用，这是短视的行为。

三、毕业生就业状况及质量反馈

"毕业生就业状况"是对专业建设成效最全面、最真实、最直接的反馈。"毕业生就业状况"不能简单用"就业率"来概括，还要进一步对"专业对口率"、"上岗适应期"、用人单位及学生"满意度"等方面进行分析，特别是对专业发展的前景、用人单位的建议等信息更要及时反馈、修正，目前，一些院校现代物流管理专业仍处于创办阶段，有的刚招生不久，反馈信息很少，随开办时间推移更需要通过毕业生的信息反馈不断改革教学。

高职专业人才培养推行"订单"式培养模式，即"企业下单，学校培养"，将用人单位与人才培养单位用"契约"的形式连接起来，这种校企合作进行人才培养的长效机制的实行，无疑将校企合作推向更亲密的程度。由企业、行业组织参加专业委员会到"订单"式培养模式的建立，是校企之间由"合作"到"联姻"的过程。新建现代物流管理专业的高职学院要充分贯彻《教育部办公厅劳动和社会保障部办公厅中国物流与采购联合会关于开展职业院校物流专业紧缺人才培养培训工作的通知》文件精神，与当地物流企业建立"订单培养"现代物流管理专业人才的模式，紧跟行业发展动态、密切关注企业需求变化，及时调整专业方向，确定培养、培训规格，开发、设计实施性教育与培训方案。

第三章　高职现代物流管理专业的课程体系建设

高职院校是现代物流管理专业人才培养的主阵地，其现代物流管理专业课程体系构建的质量决定着能否培养出物流企业发展所需的专业人才。本章分为高职现代物流管理专业课程体系存在的问题、高职现代物流管理专业课程体系建设目标、高职现代物流管理专业课程体系建设要求、高职现代物流管理专业课程体系建设思路四个部分。

第一节　高职现代物流管理专业课程体系存在的问题

近年来，我国的物流产业发展迅速，在一定程度上缓解了我国的就业形势，并在国民经济中占有越来越大的比例。随着大数据、物联网等先进技术在物流行业中的广泛应用，目前高职院校开设的物流管理课程所培养的现代物流管理专业人才难以满足物流行业科技化、高速发展的需求，对研发、管理人才的培养少有关注。

一、课程开发主体错位

教育部支持教师参与产学研结合、专业实践能力培训，支持和鼓励教师到企业挂职，教师每年要在企业或实训基地实训，还要进行一定周期的全员轮训。由于教学工作量大等各种因素，专业教师在企业或实训基地实训、企业挂职等形式不够深入。在我国，专业教师是课程开发主体，尤其在高职现代物流管理专业课程开发上表现明显。正是由于这种主体错位的课程开发模式，直接导致其课程开发整体水平较低，而且各高职院校之间的课程开发处于一种相互借鉴的重复状态。

二、课程体系设置落后于物流行业发展速度

高职院校现代物流管理专业的课程内容包含决策方法、经济、管理等多个方面，虽然涉及了多个学科的知识，具有一定的综合性，但是与信息化、智能化的物流行业发展趋势不匹配，课程体系设置已经落后于物流行业的发展速度。顺丰、菜鸟等大型物流企业逐渐建立起了相对完备的智能物流系统，但高职院校目前的课程设置却缺少了相应的内容，致使学生对物流行业的发展趋势不甚了解，出现人才培养与岗位需求不匹配的现象。

课程设置和课程内容更新不及时，新工艺、新技术、新模式未能融入专业课程体系中。如物流配送中心利用智能机器人进行分拣，利用无人机来进行货物的配运和盘点等物流操作工作，但专业课程体系中缺乏相应的实践课程内容。因此，需要继续推动专业课程和教学内容的建设和研究。

职业技能标准与专业课程内容对接不紧密。目前的课程在专业能力方面更多地考虑了对专业岗位的要求，而没有考虑到学生专业能力多方位发展所必需的基础建设，未能系统地组织课程和提供培训以培养累积的技术技能和核心能力。

专业教学照本宣科，以"知识"为基础设置课程体系，忽视学生自我发展和企业所需。教材内容更新换代速度慢，学校的专业课与企业的实践课之间互相分裂。重"技术"轻"能力"，缺乏以能力培养为逻辑主线的系统学习和训练，忽略学生的职业发展。

为了改善这一现状，现代物流管理专业课程体系应全面调查当前物流企业需要什么样的技能型人才，由校企合作共同开发，优化课程体系设置，联合编制物流系列教材，以满足企业用人需求及学生可持续发展需要的准则，遵循学生认知规律，按照企业实际工作岗位标准制定教学内容和教学模式。此外，校企双方还应紧跟物流技术发展步伐，加大资金投入，更新实训设施设备，实现学习领域和工作领域相通、技能训练和岗位实操相通。

三、实训条件以及校企合作深度有待提升

实训场地对高职院校现代物流管理专业课程教学而言是必要的支撑，但是物流实训场地的建设对资金的需求非常大，目前很多高职院校的实训室都只配备了少量的软件，学生往往只能在教师的引导下参与物流某一环节的实训，对物流各环节的了解程度不够。为了尽可能为学生提供实践的机会，一些高职院校还主动加强与物流企业的合作，将相关课程直接设置在物流企业，并邀请企业专业人员

为学生讲解物流各个环节的运作。但是由于企业与学校之间存在着差异，企业为高职院校学生提供的岗位大多数是十分简单的，学生主要在人工分拣、搬运、打包等岗位工作，一些先进的设备与系统在实习中根本接触不到，实践最终流于形式。

四、专业教师队伍的数量与质量有待提高

高职现代物流管理专业教师的专业水平及物流管理教学理念，关系到学生对现代物流管理专业知识以及物流行业发展趋势的认知。互联网技术的快速发展给物流行业注入活力的同时也扩大了对复合型人才的需求量，物联网、第三方运作技术岗位的人才缺口是比较大的。然而高职院校的部分教师由于对物流企业的管理与运营缺少了解，对物流行业今后的发展趋势难以做出正确的判断，这使得教师在教学时很难传授给学生物流企业发展所需的专业知识。除此之外，高职院校现代物流管理专业的学生数量不断增多，但是专业教师却较少，严重制约了高职院校现代物流管理专业的发展。

第二节　高职现代物流管理专业课程体系建设目标

一、培养高职学生的综合素养

（一）培养新商科素养

紧紧围绕立德树人根本任务，将社会主义核心价值观贯穿人才培养全过程，大力弘扬"包容、务实、进取、创新"的新商科精神，以思想政治教育、传统文化教育、身心健康教育、美育、双创教育、国防教育和工匠精神培养为抓手，将思想政治课程与课程思政有机结合，将新商科文化课程等作为现代物流管理专业公共基础课，融合创新创业教育与专业教育为一体，培养学生创新性思维，构建"商科文化＋素养教育＋课程思政＋双创精神"融合的新商科素养培育课程体系。

（二）以核心素养为主线

核心素养是超出专业能力之外的适用多种情境的素养，是知识、技能、动机

与情感等要素的统一与整合。核心素养可分为通用核心素养和职业核心素养，通用核心素养主要包括自主发展、社会参与和文化基础等方面，职业核心素养包括职业角色、工作胜任和生涯发展等方面。职业核心素养具有更强的迁移能力，更符合智能化时代对从业人员职业能力的要求。职业核心素养是指学习者借助各种形式的职业教育所形成的，能够在真实工作世界中解决问题的素养和能力，即能够通过自我学习来适应工作世界的不断变化。新型课程体系以核心素养为主线，结合增加和整合课程的方式重构课程体系，加强对高职学生核心素养的培养，也可将核心素养融入原有的课程或项目中，培养学生降本增效、安全生产、团队合作等素养。

（三）引导职业素养的形成

高职学生可以参加多种多样的职业技能大赛和创新创业比赛，例如，"互联网＋"创新创业比赛、职业生涯规划大赛、供应链模拟比赛等。学生通过参加技能大赛发现专业学习的不足之处，同时在比赛中通过与企业和其他学校的交流，拓宽自己的视野。在教学方面，教师也要改进自己的教学方案，按照技能比赛的要求设置教学单元，把比赛项目进行分解，划分出适合学生日常实训的单元，实施"项目教学"，将技能比赛的项目融入教学，采用小组竞赛的形式分组考核学生，锻炼学生的团队合作能力和沟通交流能力。

二、探索高职协同育人路径

以地方产业需求为导向，不断深化校企合作和产教融合，构建基于"三个对接"的多主体校企协同育人机制，即专业与产业对接、课程标准与职业标准对接、教学过程与生产过程对接。通过将企业真实的生产性实训项目引入校内实训基地，校企双方共同制定与职业标准相匹配的课程标准、共同实施教学及实训、共同开发教学资源、共同完成考评过程，保障人才培养和输出的标准等同于企业准员工。建立企业导师校内主题工作室或企业名师工作室，通过企业专家和企业任务入校园、上课堂、进工作室，将行业前沿、实操技能以及优秀的企业文化带给学生，培养学生职业精神与动手能力，助力"三个对接"的落实。

区域经济与地方高校的发展紧密关联，相互促进，呈现出互利共赢的共生关系。区域经济的发展离不开高校的人才和技术支持，地方高校应主动融入区域发展，将人才培养与当地产业需求紧密结合，充分发挥服务区域经济发展的作用。同时，物流行业的细分领域往往带有一定的地域或产业特点，在专业特色课程体系建设中，更要深挖区域产业特点与发展趋势，着力于某一领域或某一行业，才能找准人才需求点，有的放矢地通过精准定位培养目标，构建专业特色课程体系。

三、推动高职课证融通改革

根据职业技能等级标准和专业教学标准要求，将证书培训内容与专业人才培养方案相融合，设计与证书相对应的课程模块体系。以物流管理领域"1+X"证书试点为先导，将相关教学模块或者课程内容的评价与 X 考核同步进行；借鉴国际先进标准和国内优秀企业标准，联合企业、行业，共同开发和申报"1+X"证书标准。以"1+X"证书为契机，落实高职院校学历教育和培训并举并重，坚持学历教育与职业培训相结合。以现代物流管理专业学习成果认定、转换、积累项目为基础，开展学分认定和置换。

"1+X"证书制度是我国职业教育改革的一次生动诠释，是教育改革新的突破、新的创新、新的发展，无论是对我国复合型人才的培养，还是对我国教育制度的改革，都是一次有力尝试。"1+X"证书制度的有效实施，不仅可以实现职业教育与行业标准的相互融合，还有利于人才培养和满足市场需要。

专业课程体系需充分对接行业的新技术、新知识、新标准，因此构建过程要与企业需求对接，与行业发展对接，与职业标准对接。物流管理领域"1+X"证书为行业协会、业内领军企业、高等院校共同参与制定的技能标准，集中代表了行业企业对职业人才培养的要求。X 证书在制定的过程中，充分考虑了行业的新技术、新知识、新标准、新方向等，在构建专业课程体系过程中实施课证融通，将 X 证书的考核要求融入课程体系和课程内容中，能进一步推动校行企联动的人才培养模式改革。

四、体现高职院校办学特色

高职院校的办学特色与自身的历史沿革、文化积淀，以及社会经济要求、行业背景有关，它体现了一个学校从总体上统领学校全局发展和办学方向，突出本校特有的、优于其他院校的独特的优质风貌。办学特色实际上代表了一个学校资源优势和专业优势最集中的部分，人才培养与学校办学特色相结合，可全面挖掘自身人才培养的优势资源，进一步强化现代物流管理专业资源优化配置，以减少与其他院校同类专业的同质性，通过差异化形成错层发展空间，打造自己独有的特色，在物流行业特定的细分领域中牢牢占据优势地位。

要做好特色课程的开发与建设，首先需建设一支由校内外专家组成的课程团队共同负责课程开发和建设的全过程；其次应围绕专业特色进行课程开发调研，确定课程所对应的物流行业工作岗位及其工作任务，并将工作任务分解成专业知识技能，形成课程标准，确定课程内容；最后还要结合课程特点，不断推进和完善特色课程建设。

第三节　高职现代物流管理专业课程体系建设要求

一、校企深度合作——共同开发课程体系

现代行业发展日新月异，技术手段快速更新，学校教育则相对滞后。高职院校只有与企业深度合作，才能开发和设计出符合时代要求的现代物流管理专业课程体系。首先，高职院校要深入企业调研，深刻理解物流行业职业能力需求的变化。其次，要与物流企业如京东、顺丰、苏宁等紧密合作，邀请企业骨干员工合作开发设计现代物流管理专业新课程。新开发的课程标准、课程内容都需与企业开展充分论证，以符合企业的实际需要。

二、做好顶层设计——全员参与课程体系建设

学校一般都会有统一的课程体系框架，现代物流管理专业课程设计需要打破专业界限，因此，学校教学管理部门对专业群课程、跨专业课程的统筹设计就显得更为重要。专业群、专业教师需全员参与到课程体系建设中，深入探讨课程与课程之间的衔接关系、课程标准的制定、课程内容的变革等问题。

三、注重课程结构的合理性——体现综合职业能力的培养

综合职业能力的培养是现代职业教育人才培养的方向。现代物流管理专业课程体系服务于现代物流管理专业人才培养，因此在建设过程中，要充分考虑课程结构设置的合理性，保证既有符合现代物流管理专业岗位能力需求的专业知识和技术技能的培养，又有物流职业道德、人文素养、就业创业等素质能力的培养；既注重理论学习，又注重实践技能训练，理实深度贯通；既有体现自身特点、优势的特色课程，又有适合行业普遍性需求的专业通用课程。以此夯实人才可持续

发展基础，全面提升学生综合职业能力，实现高素质技术技能型人才的培养。

四、设计模块化小课程——快速响应职业需求变化

针对快速变化的工作世界，设计模块化小课程，能够快速响应职业需求变化，以增加课程体系的柔性。如随着拣货机器人在仓储活动中的广泛使用，可增设"拣货机器人应用"这一模块化小课程；随着物流行业绿色化发展需要，可增加"环保知识"等模块化小课程。模块化小课程，可以灵活地在课程体系中增减，从而做到课程体系稳定性和灵活性的统一。

五、课程体系应紧密结合区域产业发展需求

各高职院校所在区域一般都有独特的优势产业或特色产业，构建课程体系需要适应经济转型升级、区域产业发展的要求，以课程开发为核心，将人才培养与社会需要有机结合，使专业人才培养目标更具针对性、课程教学内容更具适应性，从而提高现代物流管理专业人才培养质量，更好地服务区域产业发展。

我国物流业正由传统物流业向现代物流业转变，现代物流业发展首先需要人才的支持，特别是需要具有实际操作经验的高级技术人才。物流企业为了更好地满足顾客需求，纷纷采用新的物流技术并不断创新，同时将物流新理念、新经营方式与新技术融合，推动物流行业不断变革。现代物流管理专业可根据地方产业发展需求选择开设电子商务、跨境电商、物联网、物流信息技术等相关实用型课程。

六、课程体系应以学生能力培养为主线

（一）重构专业培养的评估体系

为了能够培养高质量的人才，我们可以通过内部评估、外部评估和第三方评估，建立全方位、多维度的评估体系。内部评估主要根据学校的质量评价体系来完成，包括学生对教师的评价、督导评价、自评、同行评价；外部评估主要依靠政府主管部门、企业、家长等对本专业进行评价；第三方评估是一种有效的保证教学质量的措施，是一种考训分离的有效方法，可以有效保证被培训者最终合格的正当性和公正性、可靠性。

（二）课程体系应体现以能力为本的导向性

"能力本位"即能力在专业人才培养方案中的根本性地位，以能力培养为目标选择课程内容体现了应用型人才培养的理念。现代物流管理专业应根据所面向的职业岗位群，有针对性地选择课程内容，合理提高实践教学比例，并不断优化教学方法。构建以能力为本的课程体系应注意以下方面。

①设计好人才培养方案。要根据物流工作的特点，在深入物流企业、物流市场等开展实地调研的基础上，经专业委员会论证，构建符合实际、可操作性强的物流人才培养方案。

②加强技能培养。物流业务操作性强，学校必须将课程教学与操作实践紧密结合，在巩固物流基本技能训练的基础上，按照地方物流产业发展需求，加强特色技能训练，有针对性地培养实用型的物流人才。

（三）课程体系应体现工学结合的协调性

实施工学结合应协调好"学习"和"工作"的关系，产教融合、工学交替，努力使学生学校学习与岗位就业顺利衔接。现代物流管理专业课程应围绕物流作业的具体工作，使学生掌握的不再是脱离具体工作情景和工作过程的纯理论知识，而是能反映某一个职业或岗位最核心、最关键要素的典型工作任务。高职院校现代物流管理专业可以安排企业认知实习、企业综合实践、顶岗实习等相关课程。

为进一步做好现代物流管理专业工学结合工作，高职院校应积极探索依托企业办学的现代学徒制等人才培养新模式，与合作企业开展更深入的产教融合。联合选拔招生，与企业共同制定招生方案，签订培养协议；联合制定人才培养方案，制定基于工作过程的教学标准，实现人才培养与企业用人需求"零距离"对接；联合建立实训基地，让学生可以"做中学，学中做"，将理论学习和实践学习一体化；联合开发课程、编写实训课程教材，学校教师、企业师傅共同培养人才；联合实施教学，学校专业教师、企业导师和企业师傅共同开展在校内的核心课程课堂教学，共同进行在企业的岗位工作培训，使课堂教学过程与企业岗位工作过程对接，培养学生的岗位综合能力；联合实施考核、评价，考核的方式侧重于岗位实操技能，重点考核学生对主要岗位关键技能掌握的熟练程度。

七、课程体系内容应不断动态调整

随着现代物流管理专业招生规模的不断扩大，高职院校现代物流管理专业普遍遇到课程设置陈旧、课程内容重复、课程数量过多过散等问题。高职院校应根据企业发展对物流人才需求变化情况，动态调整人才培养方案、教学大纲、课程体系、教材内容等，同时不断改革教学方法、教学内容，将实践性教学引入课堂中，努力发展"校中厂""厂中校"等教学模式。

第四节　高职现代物流管理专业课程体系建设思路

一、精准定位现代物流管理专业课程建设方向

（一）确立现代物流管理专业人才培养方向

高职现代物流管理专业课程体系建设方向主要是为当地物流企业和企业物流部门培养仓储配送、快递服务和供应采购方向的物流人才。因此，可以参照"客服、营销、质控、操作、方案规划及信息系统管理"这一业务主线针对仓储配送、快递服务和供应采购等方向的业务进行人才培养。

（二）明确现代物流管理专业人才培养规格

根据人才培养方向的需要，高职院校现代物流管理专业要提倡德、智、体、美、劳全面发展，围绕仓储配送、快递服务和供应采购方向等岗位工作，注重职业素质养成，加强专业核心能力、岗位能力和拓展能力的培养，使学生掌握仓储配送、快递服务及供应采购业务知识，提升物流综合操作技能及创新创业能力，服务于当地及周边物流、电商等行业的服务和管理。

①职业素养。培养学生能够热爱生活，热爱祖国，适应市场经济需要和地区经济发展要求，具有现代意识和创新精神，具有较高的道德文化修养和艺术修养，具备扎实的理论基础。

②专业知识和技能。培养熟悉产品、物流服务、物流作业质量控制及操作、供应采购等专业及相关知识，掌握物流储配作业、快递作业、采购管理乃至企业管理等技术，能够规划、建设物流服务点的实用型人才。

③专业（技能）方向。学生通过在校学习锻炼后，能够全面胜任仓储配送、快递服务和供应采购等物流相关岗位的工作。

二、构建层次分明的现代物流管理专业课程结构

职业素质能力、专业核心能力、专业岗位能力和专业拓展能力组成了岗位职业能力，高职院校可以根据这些能力来进行相关的课程设置，完成岗位职业能力需求到课程设置的转换过程。为此，高职院校可以根据实际教学需要，将一项职业能力总结为一门课程，也可以将多项能力归纳整合为一门课程。

①职业素质能力的转换课程。职业素质能力是从事任何职业都必须具备的基本素质。该能力与专业知识、技能之间没有具体或直接的关系，只要处于劳动组织环境中，这种能力必然存在，并在一定程度上影响从业者获取更新的知识与技能。为此，围绕该模块，课程设置有公共基础课程与专业选修课程。公共基础课程主要是培养学生必需的职业素质，主要培养学生客观认识历史发展规律、获得健康的身心、懂得人际沟通交流与团队协作，以及认真学习和享受工作。专业选修课程内容主要是培养学生个性化发展，满足学生自身发展需求，可以结合学校资源和专业特色进行开设。

②专业核心能力的转换课程。专业核心能力是指学生未来从事物流行业相关工作应当具备的核心知识和能力。专业核心能力课程主要是为了培养学生具有物流相关理论知识，具有服务货品和服务客户的业务处理知识，具有物流服务与管理过程中硬软件使用、管理和维护的知识等，主要涉及"现代物流基础""物流业态""货品知识""物流客户管理""物流设施设备""物流信息技术"等理论课以及对应的实训课。

③专业岗位能力的转换课程。专业岗位能力是针对学生未来从事现代物流管理专业某一岗位所需要掌握的关键能力，其所包含的具体能力内容应当以对应的岗位工作任务需求为依据。专业岗位能力课程主要是为了培养学生具有仓储、配送、快递、采购以及供应的服务与管理的知识，主要涉及"仓储作业""配送作业""快递作业""快递运营""采购作业""贸易实务"等课程以及相关实训课程。

④专业拓展能力的转换课程。专业拓展能力是学生可持续发展的职业发展能力，可根据学生面向的终身学习、就业的目标进行两方面拓展。在终身学习方面，重点培养学生语数英以及技能等级证书方面的知识和技能；在就业方面，重点培养学生专业方向业务综合处理的知识和技能，注重关注技能证书涉及的考点知识以及技能竞技涉及的考评知识。主要涉及"语文""数学""英语""信息技

术""证书辅导"等课程以及相关的实训课程。

结合岗位职业能力，遵循高职生身心发展规律、课程设置与社会生活存在的内在联系，依据经验对岗位职业能力与课程进行关系矩阵定性，将工作中涉及的知识和技能，根据学生的认知规律及学习成长过程，从基础到专业，层层深入，科学合理地搭建课程结构。

三、优化现代物流管理专业课程内容

（一）选取合理的教学载体

为了更好地构建高职院校现代物流管理专业课程体系，应当实现"运输配送作业与管理""仓储作业与管理""物流综合作业与管理"这三门课程的有机融合，并在实际的教学过程中使学生对具体的工作内容有所涉猎，从而实现学校教育与企业工作的完美衔接。高职院校学生的文化素养比较薄弱，缺少一定的理论研究能力，相比于课本知识的学习，他们更喜欢实际的操作。针对高职院校学生的这一特点，学校及教师应当因势利导，寻找最恰当的教学方法，从而保证教学目标的顺利实现。教师应当在课前认真筛选教学内容，在完成教学任务的同时选择更易调动学生积极性的教学方式，课中应当及时关注学生的学习情况，尽可能使学生投入课堂教学中，课后要及时反思，总结教学的经验与不足，从而避免类似错误再次出现。

（二）由岗位工作任务创设学习任务

将学生身份转变为准员工身份，将学科体系中"是什么""为什么"转化为行动体系中"怎么做""怎样做得更好"。从专业岗位课入手，以专业技能方向为面，以岗位工作内容与职业能力为线索，将归纳得到的代表性工作任务转化为学习任务。下面以仓储配送方向、快递服务方向及供应采购方向学习任务的转化为例，具体说明由岗位工作任务创设学习任务的课程体系建设思路。

1. 仓储配送方向学习任务转化

从代表性工作任务分析来看，仓储配送方向的工作可以理解为货品从 A 地到达仓库后，再由仓库配送到 B 地的业务处理过程。基于工作系统性要求，以仓库为作业区域，将从熟悉工作环境到对应某一类或某一批货品进行仓储入库、在库管理以及配送出库的过程作为学习任务。这一学习任务的转化可以将物流综合实训室规划为一个仓储中心或配送中心，一方面方便合作企业将自身简化版的仓储中心或配送中心在综合实训室中重现，配上对应的企业货品，校企合作效果更明显，另一方面有助于学生对仓储和配送知识的综合理解以及技能的综合运用，有利于学生岗位职业能力的综合构建。

2. 快递服务方向学习任务转化

快递服务作为物流的一个分支，在日常生活中最为常见且被人所熟知。考虑到学生在学习的过程中易从客户的角度去对待知识和技能，为此，该方面的学习任务要以快递服务点工作人员的角度和快递服务点经营者的角度进行设置。从了解快递服务点的结构、服务标准及收费标准、服务区域、收件、分拣、派件、异常件处理到运营模式、开发客户、服务点经营与管理进行系统性学习。另外，可以开发出一个模拟快递服务经营点，以服务学校区域，执行对应的收派业务。一方面减少实训室建设成本，另一方面可以让学生在服务师生的实践中转换角色，感知工作，培养岗位职业能力。

3. 供应采购方向学习任务转化

物流服务的对象是物品，但没有供应和采购，就不存在货品的流通，只有当贸易达成，对应的物流服务业务才能逐一落实。为此，可以在物流信息实训室的基础上，将业务员和采购员所涉及的单据和信息通过物流信息实训室的模拟软件进行重现，从业务的代理方向甲方延伸，将学习任务根据贸易达成后涉及的货运代理、报关报检、保险代理、跟单、客户维护到采购需求预测、供应商选择、合同签订及跟进、验收及评估进行设置，让学生认识贸易、认识电子商务，并能及时准确了解不同身份业务的处理流程，掌握与客户沟通的知识和技能。将知识案例化、事件化，会使学生有角色的带入感，有利于学生参与模拟实践，强化岗位职业能力。

（三）由行动导向串联学习任务

行动导向教学作为一种教学模式，由教师根据学习任务，立足岗位职业能力，明确教学目标中的专业能力、方法能力和社会能力，对工作对象、内容、手段、组织、产品或服务、环境六个要素进行调控，涉及的每个任务均经过"资讯—计划—决策—实施—检查—评价"六个步骤，将大任务转化为小任务，完成课程教学内容的设计，让学生在教师创设的学习任务中体验工作的过程。

第四章 高职现代物流管理专业的实践教学

在高职现代物流管理专业的教学过程中，实践教学是重要的组成部分，实践教学质量也是影响学生实践操作能力的关键因素。高职院校应注重现代物流管理专业理论和实践的结合，提高实践教学水平，继而提升学生的实践操作能力，以便高职院校现代物流管理专业学生在未来的工作中更好地胜任岗位职责。本章分为高职现代物流管理专业加强实践教学的意义，"校企合作、产教融合"背景下高职现代物流管理专业实践教学体系的构建，高职现代物流管理专业相关课程的实践教学三个部分。

第一节 高职现代物流管理专业加强实践教学的意义

一、提高学生现代物流管理专业实践能力

能力是指人们在完成一项特定目标时应该拥有的素质和本领，每个人在特定活动中的能力素质各有差异。能力决定了活动效率，能力与活动相互依存，离开了具体活动，能力就无法形成和表现。能力主要包括外显的能力和内在的潜能，两者联系紧密，后者是前者形成的基础，前者则是后者的具体体现。

理论知识主要通过读书、知识教育和思考等获得，而实践能力需要个体能够熟练运用大脑中已经掌握的这些知识和技能去解决工作中遇到的实际问题。实践能力的培养需要学生利用各种实践环节，将理论素养转化为实际能力。因此，实践能力的培养不是一朝一夕的，而是一个不间断的渐变发展过程，是一个逐步发展、最终达到质变和飞跃的提升过程。

物流领域实践能力主要包括专业知识能力、职业核心能力和个人素质。其中，专业知识能力主要包括物流人才在从事与物理管理相关工作时，其提供的

服务的专业程度；职业核心能力包括沟通能力、协作能力、语言能力、表达能力等；而个人素质则体现在道德水平和价值观等方面。

高职院校除了让学生具备基本的文化素养外，更应该注重培养和提升学生的实践能力。而高职现代物流管理专业面向我国的物流业，应培养与我国物流业发展相匹配的，具备过硬的现代物流管理专业知识和较强的现代物流管理专业技能的人才。

二、提高学生学习的积极性和主动性

实践教学是现代教育的重要特点之一，学生运用理论知识的手段就是实践，因此，重视培养学生的实践能力是具有现实性和必要性的。任何一个学科的理论知识教学都具有一定的枯燥性和乏味性，这导致部分学生的学习兴趣和积极性普遍不高，甚至还有部分学生轻视理论知识，认为死记硬背没有任何作用，正因如此，如果不重视实践教学的话，学生将难以获得足够的知识。在高职现代物流管理专业理论知识教学中，对学生进行实践教学和培养，有助于提升学生学习专业知识的积极性，发挥学生的主动性和创造性，让学生更好地投入学习之中。

三、增强学生解决实际问题的能力

物流管理实践教学是必不可少的，当今时代发展迅速，行业发展更是日新月异，互联网购物、运输发展前景良好，当前正是现代物流管理专业发展的好时期。重视实践教学可以为学生深化理论知识、积累经验提供必要的途径；实践教学与学生的就业更是密切相关；实践教学也为学生解决实际问题提供了一个平台。在实践教学过程中，学生可以与教师进行沟通、探讨，从而达到发展自我的目的。

四、提升毕业生就业率

任何一个行业或者专业的发展都不是单纯依靠理论知识，也不是单纯依靠实践的，而是要将二者紧密结合才能有更大的发展空间。这也决定了当前物流管理行业所需要的人才不仅要掌握丰富的理论知识，更要掌握必要的实践技能，促进学生充分就业。因此，重视实践教学不仅仅是为了实现学生的发展，更是学生实现人生价值的必需品，也是社会发展的现实要求。

第二节 "校企合作、产教融合"背景下高职现代物流管理专业实践教学体系的构建

一、转变现代物流管理专业实践教学理念

在"校企合作、产教融合"的背景下，高职院校现代物流管理专业实践教学应从以下方面着手，转变现代物流管理专业实践教学理念，提高现代物流管理专业教育的实践性。

第一，注重在现代物流管理专业实践教学中认识到实践对物流管理人才培养的现实意义，使理论与实践更好地相互融合。

第二，注重通过各种制度的运用，使实践教学的效果得到充分体现，使这种实用的思想更好地融入物流管理实践教学活动之中，使现代物流管理专业的实践教学不只停留在教学计划的表面。

第三，注重在实践中对高职院校的内部专业内容进行细化，最后将其纳入高职院校的人才培养体系中。

二、制定现代物流管理专业实践教学目标

高职现代物流管理专业实践教学目标的制定是建立实践教学体系的首要任务，高职院校在现代物流管理专业实践教学中要明确目标，确定高职学生需要掌握的技能，根据教学目标开展教学工作，提高教学效果。在物流管理行业，主要的岗位包括市场开发、采购管理、仓储管理、运输管理、配送管理以及信息处理等。为了使学生能够满足这些岗位的要求，高职院校需要以此为依据制定现代物流管理专业实践教学目标，保证学生能够通过实践教学掌握这些岗位的实践操作能力。

（一）综合素质

"校企合作、产教融合"背景下高职现代物流管理专业实践教学中要培养高职学生具有如下的综合素质。

①成熟专业的职业素质、良性竞争与创新革新意识、高尚道德品质。

②健康的身体、积极向上的心态。

③一定的工作能力与较强的学习能力。

④遇到问题及时解决的意识，查阅相关资料的能力。

⑤良好的工作责任心、上进心和不惧艰难、敢于挑战的勇气。

⑥友善的性格、团队合作能力和良好的人际关系。

⑦口齿清晰、一定的书写功底与表达能力。

⑧解决问题的能力，熟练计算机的使用。

（二）职业能力

"校企合作、产教融合"背景下高职现代物流管理专业实践教学中要培养高职学生具有如下的职业能力。

1.行业通用能力

高职现代物流管理专业的实践教学中，要培养高职学生在物流行业的通用能力，具体包括如下方面。

①拥有一些会计相关的知识。会基本的成本核算、相关财务问题以及物流服务成本的核算，比如在物流运输、仓储、国际货运代理、物品配送等过程中产生的相关费用。

②开拓市场以及维护市场的相关能力。能够有效地对物流行业市场进行调研并开拓相关市场；对市场营销方案具有一定的了解与拟定能力，可以维护老客户、建立新客户，与客户达成有效沟通。

③货品的辨别与维护能力。即对市面流通的大众商品具有一定的辨别能力，在储存中对商品有一定的维护能力。

④处理仓储业务的基本能力。即对完成仓储业务大致流程具有承担能力，对于货物使用仓库的安排拥有合理的计划。

⑤合理运用电子商务的能力。理解电子商务涉及的问题；辨别电子商务物流管理形式，拥有利用电子商务进行货物的采买、保存、配送的能力。

⑥拥有运输工作方面的技能。具有完成运输工作任务的能力；对常见运输业务具有相关的计划与解决能力。

⑦具有物流常用设备的使用和维护能力。即对于物流行业工作过程中所使用的设施设备具有相关的了解与使用能力，针对相关设施出现问题时，具有及时处理解决的能力，平时对其进行保护维护。

2.职业特定能力

现代物流管理专业的高职学生除要具备以上行业通用能力，还要具备物流职业特定能力，下面以国际货运代理、仓储与配送方向的职业能力为例，说明高职学生需要具备的职业特定能力。

现代物流管理专业中国际货运代理方向的高职学生需要具备如下的职业特定能力：

①对集装箱的规格、运输要求以及国际货运代理业务流程有相关研究以及选择能力；

②对货运代理过程中涉及的单据，如委托单、装箱单、运输单等各种单据进行检查、准备、审核的能力；

③根据货运代理相关工作流程，对客户要求的订舱时间、指定的码头进行送货等相关任务具有一定的完成能力；

④要熟悉了解货物结算方式、报关所需单据、运输过程风险承担方、运输费用的承担方等相关信息，具有独立填写相关单据的能力以及执行报关的任务能力；

⑤拥有货运代理相关保险责任承担的知识，对投保流程具有一定的了解。

现代物流管理专业中仓储与配送方向的高职学生需要具备如下的职业特定能力：

①对于货品使用仓库的安排以及货品出库剩余的区域进行合理安排与规划；

②对仓库安全的排查、货品退货的解决以及货品的返工等工作内容有一定的完成能力；

③对仓储过程中所运用到的工具有相关的了解，并能及时辨别，针对配送方式的不同选取合适的设施；

④拥有常见设施设备的使用与维护能力，比如货物包装和管理设备、货物装船卸货设备、消防设施等；

⑤具有根据企业货品配送方案进行对相应的物品挑拣、配送工作的完成能力；

⑥对物理管理行业中常用的系统设备具有运用能力。

3.跨行业职业能力

现代物流管理专业的高职学生除要具有行业通用能力、职业特定能力，还需要如下的跨行业职业能力。

①企业管理及货品生产运作管理能力。

②对新岗位具有较快的适应能力，可以很好地融入其中。

③创新探索的勇气与创业的能力。

总之，在"校企合作、产教融合"背景下高职现代物流管理专业实践教学要制定更为切实可行的培养目标，学生才能够更加针对性地进行学习，从而提升自身的实践能力。

三、突出现代物流管理专业实践教学课程结构

高职现代物流管理专业的课程结构要突出实践教学，根据优化后课程进行教学。

在深化"校企合作、产教融合"的同时，高职院校需要大力引入物流合作企业的核心课程，融入现代物流管理专业人才培养体系，改革现代物流管理专业课程体系，围绕高职院校的人才培养目标设定。专业课程标准需要依托行业标准制定，即什么岗位需要掌握哪些技能和知识；课程设置需要围绕实训和实践课程展开，由企业方的指导教师和高职院校的专业教师联合制定，坚持以就业为导向，将基础课、专业课、核心课分类明细，科学合理地分配课时，使专业课程体系更加具备可实践性和针对性；对于更新换代较快的专业领域，课程体系要及时更迭，推陈出新，适应行业发展的要求。

四、提高现代物流管理专业教师实践教学能力

"校企合作、产教融合"背景下，现代物流管理专业实践教学要注意让学校、行业和企业三方面能够更好地融合在一起，为的是培养真正合适的"双师型"教师。

第一，让现代物流管理专业的资深教师积极参与到行业协会实务中来，更可以抽空到物流企业内部顶岗，后续老师在教学时就可以将自身的实践经验融合到教学中来。

第二，吸收行业顶尖的企业专家或者资深的业务骨干成为学校的讲师，这样可以让其给更多的学生传授在社会上流行的物流知识。

第三，通过让学校内部的教师、行业内部的专家和其他专业人士有效地了解行业发展的动向和前沿资讯，逐步建立合适的教学团队和技术创新团队。

高职院校应组建一支由专业能力过硬的现代物流管理专业人员带领的成熟的现代物流管理专业的教学团队，提高现代物流管理专业课教师的专业教学水平，提高教师的职业素养，树立良好师德形象，开展理论与实践相结合的课程，提高学生的实践能力。高职院校应组织专业课教师参加教学研究工作的相关培训，设立一些专业知识竞赛以及教师教学评比等活动。专业教师应每年参加不低于两个

月的企业实践活动；对于兼职教师来说，在校教学过程中，应至少担任三十个学时的教学任务，同时要求其参加相关课程培训，并在培训结束后获得结业证书。

五、优化现代物流管理专业实训教学体系

"校企合作、产教融合"背景下高职现代物流管理专业实践教学中，校企深度合作是公共实训基地建设的必备条件，开展企业真实场景的现场实训是学生实现零距离上岗的基础。根据专业人才培养方案、课程建设标准、学生顶岗实习实训等要求，明确深度合作的行业企业，在对企业生产及经营现场、企业经营管理人才等资源进行深入调研的基础上，根据各合作企业的实训场地、实训设备、实训指导人员等统筹规划各合作企业的实训项目，做到真实企业、真实设备、真实操作、真实评价。

（一）实训阶段教学的优化

在"校企合作、产教融合"的大背景下，高职院校必须结合当地的社会经济发展现状，预测物流行业企业未来发展对人才的要求，对现有的物理管理专业教学体系进行调整优化，构建现代化的现代物流管理专业实训教学体系。依托校企合作优势，建立健全实习实训基地，优化和加强实训基地建设。这是进一步完善职业教育改革、推动人才培养模式创新的关键，对于构建适合用人单位的教学体系，重点突出学生职业素质培养起着至关重要的作用。学生的实践教学环节在实训基地内进行，边学边训，以训促学，学什么样的知识解决什么样的工作难题，使理论和实践相结合，同时完成专业学习、实践学习、顶岗实习三个阶段的学习，让学生从一个没有职业经验的初学者，成长为一个上手快、学习快、适应岗位需求的应用型人才。

1. 基础实训教学阶段

在学生学习了解了一些基础的现代物流管理专业理论知识后，比如学习了相关管理学、物流管理、贸易等基础理论后，学校可安排学生到大型物流公司配送中心、连锁企业的物流集散中心及企业的物流管理部门进行参观学习，让学生在学习理论知识的同时对物流行业有一个初步的感性认识，对未来的工作岗位有个大概了解，增加学生的学习兴趣。与此同时，高职院校可以在这一阶段邀请成功的物流企业家和行业优秀技术专家来学校开展讲座或担任兼职教师，为学生提供多种机会，直观了解物流行业的发展现状。

2. 专业实训教学阶段

专业能力是高职现代物流管理专业学生的核心竞争力。在专业实训教学阶段，高职院校可以根据现代物流管理专业人才培养目标的能力素养要求对学生进行单项业务技能的训练，如训练信息技术、仓储、配送等方面的能力，让学生在数字化的仿真实验平台开展相关方面的实践训练。高职院校可以与企业一同进行教学内容设计、课程设计等，让学生真正掌握物流各环节的工作内容和岗位技能要点，进一步提升学生的实践能力。

3. 综合实训教学阶段

这一阶段主要是锻炼高职学生现代物流管理专业综合实践技能的运用。学生不仅要掌握各项物流方面的基本技能，还需要锻炼团队协作能力、沟通技巧等，要能综合运用到实践中，融会贯通。教师可以利用学校的仿真实训室和实物操作平台，按照真实的物流企业工作流程，以小组的形式开展综合实训情景教学。同时，还可以组织学生参加校企合作的物流技能大赛、物流创新设计大赛等，更好地锻炼学生的操作技能和创新能力。

学校和企业要共同建立物流实训基地供学生学习使用。物流实训基地是理论与实践之间的桥梁，是实施现代物流管理专业实践教学的主要场所之一。学生通过校内实训，能加强对物流理论知识的理解，提高动手操作能力，使学生在接收到物流企业实际工作任务时能迅速上岗完成。物流实训基地的建设，应基于物流企业真实工作流程，并结合职业教育教学特色，全方位综合考虑。物流实训基地包括校内现代物流实训中心、校内智慧物流超市、企业沙盘模拟经营实训室等，为师生提供教学设施、环境，真正培养学生的实践动手能力，提高学生的综合素质。

现代物流实训中心包括入库管理区、货架区、托盘区、电子拣选区、货物拆零区、出库理货区、干线运输区、叉车模拟实训区等物流相关作业区域。高职院校可集智慧仓储系统、物流仓储规划仿真系统、供应链管理系统为一体，构建"互联网＋物流"模式的现代化物流实训中心，培养现代物流管理专业学生设备操作能力、物流规划能力，更好地适应行业及市场对人才能力需求的变化。

建设校内智慧物流超市的目的是让学生了解现代物流的全过程，了解从企业到消费者之间原材料供应和产品流通过程中的包装、运输、储存、分拨、配送、零配件供应，以及相关信息传递等方面的知识，通过软件掌握物流管理系统的操作流程，完成仓储、运输、配送物流信息化等实操训练。

企业沙盘模拟经营软件集教学、实训于一体，学生可以在该软件中扮演不同的角色，譬如总经理、营销经理、物流经理、采购经理、财务经理等。在训练中设计企业整体战略规划、广告投入计划、产品研发方案、生产物料需求计划、资金管理计划、市场销售方案等，能培养学生团队协作能力、沟通交流能力、解决问题的能力和测算能力。通过企业沙盘模拟经营实训，让学生在训练中身临其境，体验企业生产经营全过程，树立团队精神和责任意识。

4. 企业顶岗实习阶段

这一阶段学生能在真实的企业环境中以企业员工的身份参与日常的物流管理工作，进行顶岗实习，是考验学生现代物流管理专业素养和职业能力的重要阶段。学生在企业进行实际操作的过程中可以深刻了解物流知识在实践操作中的应用，发现问题，解决问题，提升自身的核心竞争力，感受企业规范的、先进的操作流程，为毕业后工作奠定良好的基础。

校企合作中的顶岗实习是高职实践教学的重要环节，也是学生正式迈入社会前的重要一步。不论是短期企业实践还是顶岗实习，根本的目的是让学生建立岗位意识、转变学习观念、增加工作经验。顶岗实习并非放任学生自由发展，学校应建立校内、企业双导师制度，企业针对学生的思想动向、工作情况定期向学校反馈，校内导师对学生定期巡访，帮助学生克服对前途和工作的迷茫。顶岗实习，既能让学生逐步了解企业的运营管理、人事制度组织架构、岗位技能，又锻炼了学生的人际交往能力、沟通表达能力和吃苦耐劳精神。

（二）公共实训体系构建

当前物流实训方面存在实训资源分配不均衡、实训师资能力参差不齐、实训项目开设不全面、实训项目的信息化管理缺乏等方面的问题。互联网商用领域的推广及应用，将有利于构建校企深度合作、产教高度融合的实训体系，服务于专业人才培养。

①构建多方协同的管理机制。公共实训项目的开发、实训的组织、实训过程的管理、实训仪器设备的管理等涉及多个场地、多个单位、不同的管理者，其管理难度大，需要多方协同管理，因此需要制定开放且多方协同的管理机制，制定系列管理规章制度，统筹多方资源，进行有效的协同管理。如建立实训预约申请、审批、执行制度，制定详细操作流程、各个工种详细的操作规程，并制作展板，在实训场所的醒目位置进行展示，使学员得到熏陶。

②运用互联网技术提升信息化水平。互联网通信技术为物流管理实训教学的开展提供了更加丰富的教育资源。在实训项目开设方面，可以广泛运用360°全景视频、5G+VR等技术。通过该类技术，一方面可以对所有实训资源、实训项

目进行系统化管理，统筹安排实训项目并实时记录、上传、对实训过程进行评价等；另一方面，也可将各实训基地、实训室、实训项目运用互联网技术转化为信息化实训教学资源，供各类学员进行线上学习，并实现云终端技术应用，利用远程连接技术，将虚拟仿真技术和实训教学、各实训场地、各实训参与主体企业、各实训教学者、各实训学员进行连接，全方位打破时空限制，大大提高学生的体验感，进而在降低实训成本的基础上达到提升实训效果的目的。

③多方协同，多功能融合。一方面分析高职教育层次的实训需求特点，联合学校、企业、教育主管部门等多方进行深度探讨，进行公共实训体系的顶层架构设计，满足"教学、培训、认证、生产、技服"等方面的需求。另一方面，充分发挥互联网技术在物流实训资源整合、实训计划安排、实训过程监控、实训结果分析与反馈等方面的优势，成立公共实训联盟，不断充实完善公共实训基地的软硬件条件，有序开展"教学、培训、认证、生产、技服"五位一体的实训。

（三）实训教学管理及考核机制建设

现代物流管理专业的实训教学涉及面广、形式多样，相比理论教学管理难度增加。高职院校应在完善相关配套制度建设的基础上改革实训教学的考核机制。

制定实训教学管理的相关制度，如组织管理制度、安全管理制度等，明确实训教学的目标以及执行的具体细则，让实训教学有制度保障。

改革实训教学考核机制。高职院校实训教学的传统考核方法是笔试考核，考虑到实训教学考查的是学生的实际操作能力和现场应对能力，考核应综合参考校内指导教师和校外专家学者、实训小组、学生个人的意见，并结合国家职业资格证书制度，从学生实训前、实训中、实训后来进行纵向的、全面系统的考量评估，以此促进学生不断提升自我，强化实训效果。

六、加强实践教学的校企合作、产教融合

（一）校企合作

进一步深化与企业的合作，在保证实习实训人数、时间的基础上，跟踪实习效果，加强过程性管理，提高学生实习实训考核要求，保证实习实训高质量完成。"校企合作、产教融合"背景下，进一步开发新的校企合作企业，与 1 ～ 2 家企业进行联合培养。增加校企合作模式，在现有工学交替、外聘专家授课和建立实训基地基础上，增加合作企业与高职院校师资、设备等方面的合作，定期开

展校企间技能交流与竞赛。

实践教学环节是学生实践能力得以提升的重要保障。实践教学是指教师在组织学生们进行基础的理论知识学习之后，将这些基础的理论知识应用到实践教学中，打造一种学生们动手参与的实践课堂，将实际生活和工作中可能会遇到的各种问题和突发情况形象化、生动化，在解决实践问题的过程当中也促使这项理论基础知识得到验证。在当前我国高职院校教学的过程中，这种"理论教学 + 实践教学"的发展模式也受到了推崇，这种两者相互融合的教学模式能够使学生们更好地实现思维的发散，能够更好地将学到的知识应用到实践活动中去，促使学生们对于各种问题都能够有自己的理解和认知，进而真正地达到当前教育体制改革提出的全新目标，以全面提升学生的核心素养。

提升高职院校学生的实践能力，必须通过校内和校外两方面的结合。在校内，一般高职院校都设置了与专业技能相匹配的虚拟教学环境，如物流模拟实验室。学生在理论知识学习之余，可以到实验室模拟物流企业的运作场景，以深刻理解物流的各个环节和流程，有利于提升学生的综合职业能力。在一些高校，虚拟教学环境比较缺失，或者有些场景不太好模拟，这就需要寻求校外实践的补充和协助。学生通过到企业实习，可以更真实地接触物流场景，弥补校内虚拟实验室的不足之处。但这要求学校与很多物流企业保持良好的合作关系，建立足够数量的校外实训基地。

（二）产教融合

产教融合作为一项高校教育改革的重要举措，在现代职业教育发展进程中作用突出。习近平总书记在十九大报告中提出要深化产教融合，目的就是全面促进高校产教融合、产学结合，校企之间相互支持、取长补短、相互借力，实现旧产业转型和新兴产业发展。产教融合的作用如下：

①更大限度地培养学生的创新能力。新兴产业的发展对高职院校申办新专业提供了土壤，各专业结合、产教融合形成了一系列实践教学平台，为培养学生创新能力提供了机会，学生在实践中，利用自己所学的理论知识，与实际项目相结合，极大地开发了自己在专业内的兴趣和创造力。这不仅能够强化学生对专业的理解，更能在实践中增强其解决问题的能力，激发他们勇于探索、敢于创新的工作热情。

②强化专业教师的实践能力。大多数高职院校教师理论水平和业务能力比较强，但是弱点在于面对实际应用的问题实操能力较差，在某些实操性较强的工科

专业尤为突出，这严重影响了整体的教学水平。高校在"校企合作、产教融合"的背景下，建设实训基地，聘请企业专家开展培训，为专业教师参与企业实际项目，提高自身专业能力、丰富课堂教学模式提供了条件，这对高职院校现代物流管理专业教师队伍建设有着重要的意义和作用。

③推动地方经济发展。高职院校毕业生就业区域大多集中在本地城市，服务地方经济，推动地方经济发展也成了高职教育的重要指标。与本地企业合作，直接作用于地方产业，是高职院校在本地立足的根本；加强与本地企业沟通与联系，全方位地深化合作，对于解决毕业生就业问题也起着关键作用。高职院校依托本地企业进行人才培养，有利于本地企业长期稳定地发展，这种相辅相成的"造血"效应更有利于本地经济的可持续增长。

④我国职业教育发展的催化剂。我国的职业教育发展到今天，除了国家开办了大量的中职、高职院校之外，及时完善适应时代发展的培养思路也是职业教育发展的重要条件。职业教育培养出的应用技能型人才，是服务我国社会主义建设的重要基础，脱离了实践的职业院校肯定是要被淘汰的。国家级示范高职院校无一例外不是在校企合作、产教融合方面表现突出的院校，更加说明了大力推动校企合作、产教融合是职业院校发展的根本，是职业教育发展的催化剂和强心针。

第三节　高职现代物流管理专业相关课程的实践教学

在高职现代物流管理专业中，"仓储管理实务""供应链管理"课程是高职物流管理教学中的核心内容，专创融合、物流技能大赛等相关的实践课程是高职物流实践教学的重要内容。现代物流管理专业相关课程还在不断发展，很多新的管理理念和方法也会不断产生，现代物流管理专业实践教学也要不断学习了解新的理论知识，不断完善实践教学的内容和方法。本节就从以下四个相关课程的实践教学为例探讨高职现代物流管理专业的实践教学，从而提升高职学生的职业能力，提高现代物流管理专业实践教学课程的教学质量。

一、"仓储管理实务"课程实践教学

"仓储管理实务"是现代物流管理专业的重要专业必修课程，该课程作为物流管理的一个分支，涵盖的知识面比较广。"仓储管理实务"课程具有很强的综合性和应用性，因此该课程的实践教学要着眼于专业知识、实践操作的综合培

养，培养学生仓储管理实务实践能力，满足现代物流管理专业对仓储管理人才的要求。

（一）"仓储管理实务"课程项目教学目标

根据仓储管理实务人才的职业要求，"仓储管理实务"课程项目教学目标主要包括三个方面：专业基础知识的掌握、职业能力的掌握以及社会能力的掌握。

①专业基础知识的掌握。专业基础知识是指"仓储管理实务"课程所包含的知识体系，具体的仓储管理实务工作专业知识包括仓储物资入库的验收要求、入库的相关流程、仓储商品保管相关要求、商品堆放要求、商品的安全管理、商品出库要求和出库流程、仓储管理实务的绩效评估体系等。

②职业能力的掌握。解决实际的仓库管理问题，比如企业仓库选址和布局规划、根据企业需求为企业制定仓储合同、对物资信息进行编码和熟练掌握各种编码问题、独立进行入库物资的验收、制定入库物资储存方案和安全管理方案、独立进行物资出库作业等。

③社会能力的掌握。社会能力的掌握主要包括通过项目教学，让学生掌握发现问题、分析问题和解决问题的能力，思考创新能力，团结合作能力，沟通协调能力以及认真严谨的工作态度和工作素养。

（二）"仓储管理实务"课程实践教学内容

以货物入库作业、入库货物存储管理和货物出库作业作为研究对象，进行课程项目的设计。具体的实施办法是将学生分成多个小组，以小组为单位合作完成上述项目，教师需要根据各小组的完成情况提供一定的意见和指导，辅助学生完成项目。

（三）"仓储管理实务"课程实践教学考核

仓储管理实务课程的教学考核应该包括两方面内容：项目过程性评价和项目结果性评价。评价考核内容包括高职学生在进行仓储实务过程中解决问题、思考创新、团结合作、沟通协调的能力及工作态度和工作素养等。

二、"供应链管理"课程实践教学

在高职的物流管理教学中，"供应链管理"课程是核心内容之一，其教学目的是提升现代物流管理专业学生的职业素养，使学生拥有供应链管理的能力，提升学生现代物流管理能力。供应链管理工作强调跨企业的物流、资金流和信息流质检的协同规划，只有对这些工作进行组织和协调，才能保障企业可以实时控制供应链的资源。高职现代物流管理专业的"供应链管理"课程能够帮助学生对供应链进行详细了解，使学生实现过程化学习，提升高职学生的职业能力，提升课程教学质量。

（一）明确教学目标

高职的"供应链管理"课程综合性较强，主要培养专业人才，帮助学生成长为适应当前社会经济发展的实用型人才。因此，高职"供应链管理"课程的教学目标不仅要学生掌握相关的理论知识，还要学生掌握使用知识解决实际问题的方法。在进行课程讲解之前，教师要带领学生对现代物流管理专业的各项岗位进行职业能力上的分析，帮助学生找到课程内容的主线，使学生对供应链管理和现代物流管理专业其他课程有较为清晰的区分。另外，教师可以通过对经典案例的讲解，帮助学生认识供应链管理工作在实际的企业管理过程中的重要作用和意义，使学生重视课程学习，端正学习态度。

（二）进行课程内容重构

供应链管理的工作岗位与其阐述的理论内容相同，主要强调工作过程中要体现集成化。企业的管理层经常强调员工一定要重视供应链管理的工作过程，掌握前后序工作需要处理的各种关系，在此基础上开展具体的工作。因此，在实际的教学过程中，教师一定要根据企业的实际需求进行"供应链管理"课程内容的整理和安排，针对典型的工作任务设计教学情境。例如，带领学生认识供应链结构，构建采购和供应管理以及信息管理等与供应链管理工作相关的情境。通过对课程内容进行重构，教师不仅可以将课堂教学内容与企业的实际工作环境相结合，还可以根据具体的工作流程为学生设计用于实践探索的学习情境，让学生可以在专业的环境中进行实践学习，打破传统教学方法对高职学生的桎梏，让学生从枯燥的理论学习中摆脱出来，掌握供应链管理工作的真本事。

（三）带领学生进行校外实践

使用实践教学的方式可以培养学生的动手能力，因此，教师可以为学生安排校外实践活动，让学生到企业中学习观摩，并在教师的指导下参与实习或是顶岗实习，使学生通过实际操作了解供应链管理工作具体需要完成的内容，对工作环境产生初步认识，帮助学生更加深入地理解专业理论知识，掌握相关技能。这种教学方式可以让学生看清前进的道路，使学生的学习行为具有较强的针对性，提升学习效果和效率。

（四）及时分享供应链管理方面专业的前沿信息

学校使用的教材具有一定的滞后性，而我国供应链管理理念发展和更新的速度非常快，这就导致学生无法在学习教材内容的同时掌握最新的理论和前沿知识。因此，在实际的教学过程中，教师不仅要做好日常的教学工作，还要进行专业知识的更新和学习，通过自己的深入研究和分析，帮助学生解构最新的专业知识，让学生更快地学习吸收先进的供应链管理知识，做好知识的补充，拓展学生的知识面和眼界。

三、专创融合实践教学

高职院校专创融合实践教学即专业教育与创业教育有机融合，目标在于提高学生的综合能力，让学生既掌握专业知识又具备创新创业知识。专创融合教育需强化实践教学，推动学科知识走向市场，从而培养出更满足企业需求的人才，让更多的学生依靠专业知识进行创业。高职专创教育的有机融合符合人才培养的规律，可以为社会经济发展培养更多创业人才。课程体系是人才培养目标实现的基础和载体，人才培养的效果很大程度上由课程体系设计决定，高职院校要想培养既具备专业知识又具备创新创业能力的高素质人才，需要设置科学合理的专创融合课程实践教学体系。

（一）公共基础课程

公共基础课程除了有"思想道德修养与法律基础"等传统课程外，还涉及在创业过程中会用到的法律、财务、市场营销、管理等相关的知识课程，这些课程将有助于提高学生创业的成功率。

（二）专业平台课程

专创融合的课程体系采用情景任务驱动把创业知识融入每门专业课程中。在整体课程设计时，专业老师、企业专家、创业导师要共同制定切合实际工作情景的项目，贯穿整个教学过程，促使学生更自主地学习并灵活运用专业知识和创业知识。

　　课前教师通过在线教学平台发布微课、在线测试、在线讨论等明确教学重难点，并根据学生的课前反馈情况及时调整重难点；课中教师借用动画、闯关游戏、专家连线等生动有趣的教学手段帮助学生理解知识，并通过任务分析、小组讨论、教师示范等方式一步一步引导学生完成课程任务；课后通过第二课堂进行教学拓展，如通过创业训练项目、创业竞赛、专业竞赛、"1+X"考证或帮助校企合作企业完成类似任务来提升技能，把专业知识和创业知识有机结合在一起。

　　结合物流典型工作岗位包括仓储、运输、配送、物流服务等，对接颁布实施的物流行业标准，对接物流管理职业技能等级考试考核标准中的考核内容，对接区域物流典型工作岗位和具体工作任务以及相关典型物流岗位需求，以岗位（岗位群）需求为依据，以职业能力培养为主线，对各职业岗位能力进行深入分解，形成仓储作业与管理、运输配送作业与管理、物流综合作业与管理三门现代物流管理专业技术技能"大课程"。在课程中融入创业意识、创业战略、创业知识和创业实战等教学项目，从教学内容课堂（教学做一体的教学场所）、双师结构、教学组织与管理、教学手段、教学方法、考核方式方法、教学成果转换等方面入手进行整合优化改革，重点突出"职业生涯规划—仓储岗位实践—运输配送岗位实践—快递岗位实践（创业实践）—跟岗、顶岗实践（创业实践）"五段式创业技能强化训练，充分发挥学生的主动性、积极性，因材施教，采用专业知识、岗位技能、创业能力、职业素质四位一体的创业人才培养课程评价体系，提高学生上岗所需的工作素质和能力，并培养其沟通、团队协作、创新创业的职业素养。

　　专创融合实践教学的专业课程教学遵循课程标准，使学生熟练掌握典型物流作业操作、典型物流作业流程设计、典型物流作业管理等技术技能，并将现代物流管理专业技能灵活地运用到相关作业和管理的实际运用中。

（三）综合实践课程

　　"企业全面经营沙盘模拟训练""物流沙盘软件模拟训练""经管类跨专业仿真实训"等课程能促使学生形成基本专业技能和应用能力。现代物流管理专业综合实训课程能让学生学会使用电子标签、立体仓库、叉车、智能导购系统、运输监控与定位系统，且能应用本专业的知识解决实际问题。毕业实习、毕业设计的课程是通过到企业中去实践来培养学生的综合应用能力。同时通过学校、企业和社会力量，把创业训练项目、创新创业竞赛和企业实习等有效结合起来，培养学生的创业素质。

（四）建立专创融合教育的教学团队

专创融合教育的教学团队对教师有一定的要求，团队构成中要有一定比例的兼职教师，他们应该是具有丰富经验的企业家、创业成功者和风险投资专家等。学校可以制定相关的激励措施和教学团队管理制度，构建一支有优秀教学能力的"双师型"教师团队。专任教师要密切接触企业，到企业进行挂职锻炼，多了解行业现状及获取企业对人才的需求，据此调整教学方法和教学内容。学校还可以将创新创业教育能力的提高作为一项重要的绩效考核指标，鼓励教师带领学生创新创业。

高职教师在开展现代物流管理专业"双创"实训教学时，想要更好地吸引学生参与实训活动，让学生通过实训课更多地了解现代物流管理专业创业方面的内容，以达到好的实训课教学效果，就要求教师做好相关的教学计划，将实训教学落到实处，让学生对创业过程中面对的事项有所了解。

教师要进行实训教学经验整理借鉴，同时针对实训中出现的创业问题进行针对性教学。例如由于现代物流管理专业的实际应用性较强，在面对不同针对性内容的实训教学时，教师要学会借鉴同行优秀的教学经验，提前对实训课中学生可能遇到的问题进行了解，然后针对性开展情景教学，把学生置于那种困境之中，让学生思考解决方案。

情景教学之后，还要设计出物流管理相关的教学项目，即设定学生不同的物流管理相关人员角色，将学生组合形成一个物流系统，如商家、派单员、货物运输员、商品入库出库统计员等，把学生置于真实的实训场景中，让学生在自己的岗位思考该如何进行业务活动，从中获取创业的灵感和方向。通过了解体验，刺激学生的创业思维，让学生对创业有所悟，有所"心"动。

教师要提前预估好要用到的素材设备，让每一个学生都能亲力亲为体会创业劳动，让学生对于创业的艰辛有心理上的准备。例如，现代物流管理专业实训过程中，教师可以事先做好对于学生的分组，形成假想的企业的人员工作规划，做到确保每个学生都可以参与物流管理实训活动的操作，培养学生拥有艰苦创业的意志，同时为了避免不必要的浪费，教师要做到精准预算。

四、物流技能大赛实践教学

物流技能大赛以物流作业为背景，通过竞赛使学校、物流企业和本专业学生获益。学校通过物流技能大赛可以建立更完善的物流人才培养体系，促进校企深度融合；企业可以获得更符合需求的物流人才；学生通过技能大赛的锻炼，在职业能力、职业精神、团队协作能力、工作效率等方面的职业素养也可以得到较大的提升。

举办物流技能大赛的目的是提升现代物流管理专业学生的综合职业能力，对竞赛的背景、赛程规则、定位等要予以明确设置。所有的比赛项目和比赛内容都要以实际的工作能力为基础，无论是学生备赛还是学校的教学，均要建立在提高职业能力目标的基础上。通过竞赛检验学生处理数据、出入库、配送计划及资金预算的能力，应用设施设备、工具、操作系统实施作业计划的能力，处理作业中常规问题的能力，进而全面考核选手的职业能力。同时，通过大赛还可以发现学生学习以及学校教学中存在的不足，寻找学生学习出现问题的根本原因，并针对性提出相应的改进策略，从而促进学生综合能力的提升。因此，在某种程度上，一个高质量的比赛也是为提高学校教学能力和学生综合职业素养而服务的。

（一）建立"学赛一体化"课程知识结构

物流技能大赛作为该专业促进校企合作，检验人才培养体系的重要途径，课程内容应该向技能大赛靠拢，设置"学赛一体化"课程内容。在教学中应通过对技能大赛实操环节的比赛试题进行筛选与简化，形成教学内容，替换现有的部分教学内容。

在现代物流管理基础课程中，在职业能力测评环节重点对学生的物流基础知识、物流基本设施设备、物流作业流程以及物流作业活动安全注意事项等知识点进行考查。物流技能大赛的实操环节主要涉及四个任务点，包括仓储管理、装卸搬运、配送管理和物流信息技术。因此，可以在讲解物流信息技术知识点时，加入技能大赛中仓储管理系统和条码制作软件、电子标签系统的简单介绍。在讲解仓储管理和装卸搬运任务点时，可以带领学生进入物流实训室，实际感受手持终端、托盘货架、周转箱、堆垛车、托盘等物流设施。结合设施设备，向学生介绍物流技能大赛的基本内容和操作流程，激发学生的学习兴趣。此外，在物流技能大赛的职业能力测评部分，重点对学生进行物流基础知识、物流基本设施设备、物流作业流程以及物流作业活动安全注意事项等知识点的讲授。在仓储与配送管理实务相关课程中，加入考查学生方案设计能力的教学内容，安排小组赛，加强学生的团队配合，以竞赛知识为切入点，对应相应章节，尤其要注重更新仓库布局模块与仓储作业模块的教学内容。

学校可以分析历年来技能大赛赛项试题的特点，并结合技能大赛的新要求以及现代物流职业所需具备的能力，编制针对竞赛训练的技能试题，并建设涵盖竞赛试题的试题库，为各级物流竞赛参赛提供参考。学生在练习时，一方面可以提高自身的知识水平，另一方面也可以加深自身对行业的了解以及对目前行业相关前沿知识的认知。与此同时，学校也能通过简单的测评，了解学生的整体学习状态，并以此为导向来设计实践教学环节，引导学生综合理解、掌握从物流作业的设计到最后实施时的各项流程，具备对设施设备、工具、操作系统实施作业计划的能力等。

学校可让学生根据实际情况模拟参赛，同时编制竞赛技能考核评分案例模板，并根据实际情况对学生水平进行打分，让同学们在了解自身水平的基础上，也认识到自身的综合能力。在每一届比赛结束后，都要以历届获胜者的作品作为案例详细讲解，让同学们了解这些优秀作品的特点，开拓更多的学习思路。

（二）推进课程与大赛深度融合

学校可以以岗位需求和职业技能要求为依据制定学生的学习内容，按照高职教育的特点，以学生为中心，将代表行业企业发展理念和需求的理论知识体系、技能项目与岗位要求相结合，将大赛理论知识和所需的专业技能分解到具体课程中，构建全方位、综合化的实践教学体系，在提高学生理论水平的同时，提高学生的职业实践能力，为其后期的就业和提升打下基础。

在设置比赛项目时，应在相关理论基础之上尽可能多地进行实践能力考评；将大赛知识与技能分解，与整个专业课程体系一一对应，相应的知识与技能由对应的课程教学完成，全方位融入大赛的规程。通过最终的比赛结果，既可以了解学生的理论学习能力，又可以得知学生的综合实践操作能力。

课程与比赛需要不断地相互融合，无论是课程的设计还是比赛的类目，都要与当前行业最新的职能要求相结合，同时也要与学校的实际教学情况和学校学生的实际学习能力相结合。学校在日常教学活动中，要根据大赛与课程的对接，提炼出核心内容，以运用知识为主线，能力培养为核心，优化和整合相关课程内容，融合理论与实践，实行教学一体化，在实践中学习理论，在实践中提升技能。

第五章 高职现代物流管理专业的人才培养目标

信息时代，智慧物流已成为物流产业转型升级的动力。在此背景下，物流企业需要更高素质的人才，这对高职院校物流管理人才的培养提出了新的挑战，高职院校如何培养掌握该领域核心能力的人才显得尤为重要。高职院校应根据物流企业对现代物流管理专业核心能力的要求，分析现代物流管理专业人才培养的目标定位，从而推动高职院校现代物流管理专业培养出符合社会需求的复合型物流管理人才。本章分为智慧物流背景下高职现代物流管理专业人才的需求、高职现代物流管理专业人才培养面临的挑战、高职现代物流管理专业人才培养的目标定位三部分。

第一节 智慧物流背景下高职现代物流管理专业人才的需求

一、智慧物流概况

（一）智慧物流的概念

"智慧物流"的概念是由 IBM 公司于 2009 年首次以"智慧供应链"的形式提出的。该"供应链"是通过感应器、全球定位系统（GPS）、射频识别技术（RFID）等先进的设备、技术和系统生成实时信息，具有先进、互联和智能三大特征。

总的来讲，可以从两个层面来概括智慧物流的含义：一方面，智慧物流是"物流＋智慧"的体现，即现代物流利用先进的物流与信息化技术实现智能化、信息化和智慧化；另一方面，智慧物流还应完成"智慧＋物流"的升级，通过将大数据和智能化技术嵌入物流以对传统物流产业的技术、业态和模式进行变革，将传统物流转型升级为新的产业生态。

（二）智慧物流的政府规制与第三方评价

1. 政府规制

政府规制在学术界也被称为政府监管和政府管制，是政府凭借其法定的权利对社会经济主体的经济活动所施加的某种限制和约束，以确保微观经济的有序运行，实现社会福利最大化。政府规制是政府的一种微观经济管理职能，通过为市场运行和企业行为制定相应的规则，对构成特定社会的个人和构成特定经济的经济主体的活动进行限制和控制。根据经济学对政府管制领域和性质的划分标准，政府管制可分为经济管制和社会管制，其中，经济管制是指政府通过经济手段对市场中企业或消费者的经济活动进行干预与调控。

地方政府是智慧物流建设中政府规制的主体，物流企业是政府规制的客体，政府规制的手段是出台政策法规、颁布相关的条例和制度。

综上，对物流企业智慧物流建设的政府规制进行概念界定，即地方政府根据出台的智慧物流建设政策（如税收优惠、政策扶持和经费资助等），对物流企业建设智慧物流进行政策调控与扶持，从而促进物流企业智慧物流的发展。

2. 第三方评价

"第三方"这个定义最初由西方发达国家提出，认为第三方是一个独立于第一方（监督或者服务的对象）和第二方（监督或者服务的对象）之外的一个个体性组织，其唯一的独立性就是与第一方和第二方不存在直接隶属关系。西方国家经验里，"第三方"通常是由一些专业的评估机构或研究机构的非政府组织（NGO）担任。

从目前研究情况来看，第三方评价的概念界定大致可以划分为两种。第一种即根据西方发达国家对第三方的概念性界定，认为第一方评价是企业自主评价，第二方评价是政府或者企业管理部门的评价，第三方评价可以看作公共评价，是独立于政府和行业之外的组织进行的评价。第二种是根据实践主体来进行界定，如消费者、社会非营利组织、高校研究院等的评价都属于第三方评价的范畴。

综上所述，可以将第三方评价的概念界定为，除政府和物流企业之外的其他专业性社会组织或研究机构，运用合理评价方法根据制定的评价指标系统对物流企业的智慧物流建设进行评价。

（三）智慧物流园区的发展

智慧物流园区主要是以"智慧化"的创意状态高度集成物联网、大数据、人工智能等智能化技术去策划、规划、开发与管理运营的园区。这里主要从运营模式和发展路径这两方面出发来介绍智慧物流园区的发展概况。

1. 运营模式

物流园区的运营模式决定了园区的盈利来源和盈利规模，因此，运营模式直接影响和制约着物流园区的可持续发展，影响和制约着园区主体投资建设的积极性。为了实现智慧物流园区运营模式的优化升级，可以采用资产和业务运营双轮驱动模式。资产运营层面发挥园区优质资产的优势，采用增资扩股等方式引进新股东以完善企业机制和管理体制、注入流动资金增加项目活力和提升发展空间；业务运营层面发挥企业全方位的优势，将园区打造成为综合型、平台型、智慧化物流园区，致力于打造中小物流和贸易企业成长孵化的支持平台。

（1）资产运营层面

物流园区属于重资产类投资项目，特点是前期投资规模较大，回报周期较长，但土地和相关固定资产具备潜在升值价值。尤其是地理区位和交通等方面优势明显的物流园区，随着经济和社会快速发展，土地价值日益凸显，长期投资的价值更大，但如果不探讨采用科学方式提高园区资产运营水平和质量，不仅无法发挥优质资产优势，而且容易造成资源优势浪费。

目前国内物流园区类重资产项目的资产运营存在多种方式，每种方式都需要项目和项目主体开发企业具备一定的条件方可施行。鉴于一些智慧物流园区运营现金流相对紧张、业务模式也需要开拓创新的实际情况，综合分析后，可以发现最有利的发展策略就是将资产运营方式设定为增资扩股引进战略投资者。

一是通过资产评估体现出资产溢价的价值，盘活优质资产，以增资扩股方式给项目直接注入运营资本，输血补充业务和管理急需的资金，便于在园区运营的基础上，开拓其他市场化业务，延伸金融等增值服务，助推打造平台型物流园区，增加园区盈利来源，支撑解决运营模式四大要素中的盈利能力问题。

二是战略投资者若有互补性的优质资源引入，则可以更有利于园区业务的拓展和盈利能力的提升，可直接支撑解决园区盈利能力问题。战略投资者的定位方向主要有两大类：一类是大型生产制造和贸易企业，此类合作者能同步引入物流园区所需的货源，带动公路港和仓储中心两大板块共同发展，同时由于其自身销售业务的网络需求还可以带动物流园区的网络向外布局扩张，促进园区规模扩张发展；一类是大型物流企业，此类合作者有现成的运营团队和业务产品、服务模式，能带入成熟的经验和团队，亦能延伸园区业务服务链条，直接带动园区业务模式优化，加速园区发展。

（2）业务运营层面

业务运营层面，智慧物流园区可在充分发挥自身优势满足和解决园区企业各类问题的前提下，有效规避自身灵活性不足等弊端，打造平台型、智慧化物流园区，建设中小物流和贸易企业成长孵化平台。

第一，打造平台型物流园区。在对园区禀赋条件充分分析的基础上，可以充分调研相关园区内所有物流企业和贸易企业两类客户群体在各自发展过程中所遇到的普遍存在的共性瓶颈问题，经过详细分析对照和洽谈，运用自身优势解决客户群体共性瓶颈问题，可初步搭建三个平台：综合金融服务平台、综合保险服务平台和政府政策扶持平台，主要解决运营中的产品规划设计问题和盈利能力、核心竞争力问题。

其一，综合金融服务平台。运用园区公司自身的资金、信誉和品牌优势，盘活自己和社会金融机构的金融资源，解决物流和贸易企业的资金和融资问题。入驻园区的企业一般都有多年的业务积累，有自己稳定的业务渠道，物流企业往往需要垫付运费等物流服务费用，贸易企业需要授信等增加议价能力，如果能在金融资源方面合理适度地扩大杠杆，就可以帮助企业做大做强，增加盈利来源和盈利规模，解决运营中的盈利能力问题。

其二，综合保险服务平台。整合园区里所有企业购买保险的共同需求，打包后与保险公司统一谈判，形成保险竞价机制，提供保险集采的平台服务。

入驻园区的物流企业需要各自单独购买各种与车辆和货物运输相关的险种，贸易企业需要各自单独购买各种与货物运输和仓储相关的险种，信息不畅通，不利于议价。园区公司作为整合平台，将所有企业的需求统一整合后，与多家保险公司洽谈签约，每次集采时采取公平竞价的方式选择最优合作方，在价格和服务内容方面都有一定的灵活空间，既可降低每家企业的保险成本，也可以提高服务质量，提高客户服务满意度的同时也给园区公司增加了收益。综合保险服务平台模式类似美团集采，也具备明显的规模优势，不仅可以为园区里的客户提供服务，也可以此为依托，逐步为其他社会化物流和贸易、仓储企业提供服务，平台的扩展空间和发展潜力较大。

其三，政府政策扶持平台。对于企业而言，在进行投资时不仅要考虑经济效益，而且要对社会责任和政府政策加以考虑，这对智慧物流园区项目来讲也不例外，政府希望在园区的助力下实现自己的愿望，使诸多方面得以整合。为了更好地发挥作用，吸引区外企业到新的地区注册落户是当地政府的关键需求点。因此，园区可以通过完善相关制度将政府招商与园区招商引资两项需求有机结合起来，推动政府政策扶持平台的搭建。

通过平台型模式主要解决运营模式中的产品规划设计问题，针对客户需求设计平台型服务产品，可以不断拓展盈利来源，同时可支撑解决园区盈利能力和差异化竞争力的培育问题。

第二，打造智慧化物流园区。经过市场调研，充分分析客户情况、竞争对手情况和市场实际需求，将智慧化作为优化运营模式特点之一，主要从园区管理可视化、业务操作智能化、信息资源大数据化和交易平台化四个阶段构建园区的智慧化运营，主要解决运营模式中的盈利能力和核心竞争力培育问题。

其一，园区管理可视化。借助于互联网和摄像头，实时传输现场管理情况，实现园区可视化管理无盲点。车、货、静态存储情况、动态作业情况、停车状态、费用管理、物业管理情况等全部通过互联网系统和技术，实现监控室、手机终端和电脑端的实时管理。客户获得查看端口和权限后，只要登录相应公司的账号即可随时随地查看自己公司的车辆和货物以及作业的情况，让客户更便捷更放心，提升客户服务满意度。

其二，业务操作智能化。有针对性地选取标准化程度较高、周转频次较快的货物，逐步实现装卸和仓储管理的智能化无人操作，提高管理和作业效率，降低作业成本。

随着社会和经济发展，物流操作层面的人力资源日趋紧缺，人力成本越来越高，智能化无人作业已成为必然趋势，尤其是国有企业，人力资源管理成本本来就相对偏高，相比同类园区尤其是民营企业性质的园区其人力资源管理成本成为劣势。在这种情况下，优先探讨实现智能化无人操作，也是降低运营成本、打造核心竞争优势的有力运营方式。经过初步探讨，一是可通过信息化手段实现产品的出入库无线扫描和数据自动传输管理，实现库存系统的自动无纸化管理；二是在货物的装卸操作环节，可采用自动化叉车装卸作业的方案，实现业务操作的智能化。

其三，信息资源大数据化。从园区可持续发展考虑，遵循数据为王的原则，把"车"和"货"相关的信息通过信息化系统和互联网打通，建立数据平台，以公路港板块中物流企业的车辆信息为依托，整合其他社会车辆资源信息和高速公路 ETC 相关货车车辆信息资源，尝试搭建车辆资源平台和车货匹配资源平台。信息资源大数据化的主要目的是建立起大宗商品的库存和价格数据库。

其四，交易平台化。重点打造进口交易平台，在可视化管理的基础上，运用综合金融服务平台有效叠加供应链金融服务，打通进口贸易的上下游资源通道，园区里既有现货存储，可随时看货，又有第三阶段建立起来的相关品类的大数据平台做支撑，因此，完全具备条件逐步搭建起进口产品的交易平台。尤其是国有企业，通过对自身禀赋条件的分析可见，在建设交易平台时，具备先天资信优势，品牌和信誉保障可有效支撑交易平台的建设，同时交易平台也是园区核心竞争力和盈利来源的一个方面。

智慧化模式的方向和原则是：通过信息化技术和智能化操作手段赋能业务运营，一是通过提供增值服务来提高客户服务满意度，增加客户依赖度；二是提高业务运作效率同时有效降低物流操作成本；三是搭建交易平台来延伸拓宽服务内容，拓展盈利来源，明确服务的产品大类。

实际上，上述资产运营和业务运营双轮驱动模式是充分发挥开发主体的各方面优势而综合研究优化的，因此，该模式可以为企业开发物流园区的运营模式提供借鉴意义。在具体落地实施时，企业可以根据项目实际情况进行微调。例如，资产运营模式在项目公司自有运营资金不足时可以采用增资扩股方式，如果自有资金充足，也可以采用股权转让方式，将资产增值溢价部分作为股东股权转让之后的利润，也可尝试使用 REITs（不动产投资信托基金）模式，其共同目的就是把物流园区优质资产的优势盘活，体现出增值价值。

2. 发展路径

根据不同生命周期的智慧物流园区特征，提出不同模式的发展路径：起步阶段以"规划＋基建"为主，发展阶段以"管理＋服务"为主，成熟阶段以"平台＋共享"为主。

结合大多数物流园区现存的问题，以问题为导向，建设智慧物流园区的总体思路为：以实现"共建共享云平台，互联互通大数据"为目标，以统筹规划、分段实施、整体推进为原则，打造集企业智能物流、园区智慧管理与公共平台服务于一体的智慧物流园区建设新模式。

（1）起步阶段——规划＋基建

"规划＋基建"的发展路径是指以规划为引领，通过信息资金的不断投入，加快物联网基础设施建设，引入视频监控、传感设施、无线传感网络、GPS 定位等技术，为信息采集、数据流传输做前期的部署，推进物联网集成融合和规模化应用，实现软硬件设施的升级。

第一，优化智慧物流规划。针对物流园区缺少专项规划的特征，该阶段内需要编制信息化建设专项规划来指导各项目具体实施。

其一，开发物流园区公共信息平台，要进行调研分析，制定可行的平台建设方案。

其二，制定智慧物业管理系统专项规划、对园区楼宇的智能化改造要联合安防、消防、监控、能源等多个方面形成系统性的规划。只有制定阶段性专项规划，才能明确智慧化改造发展各阶段首要任务，衡量经济效益。

其三，对智慧项目建设项目工程进行审批管理，控制范围、进度、成本与质量，通过数字化监控把控车辆与人员的进出管理。

第二，加大信息资金投入。园区的建设仅靠园区投入资金往往是不够的，还需要政府设立智慧物流园区建设专项资金，同时积极鼓励和引导社会资金投入，支持以市场主导开展物流园区智慧化升级工作，探索有利于物流园区智慧化发展的长效投融资机制。在起步阶段，以资金支持推动专项规划的编制，完善物联网基础设施，吸纳优秀专业人才，吸引先进物流企业落地。

第三，完善信息基础设施。要实现物流园区的自动控制与可视监测，需要对基础设施做好应用。

其一，建设智能网联通信工程，布局宽带网、无线网与物联网，增强信息网络综合承载能力和信息通信集聚辐射能力。充分考虑网络带宽、延时、稳定、安全等性质，对传输网络进行统一规划，为园区的通信做好铺垫。

其二，全面覆盖高清摄像机、报警探测器、对讲系统等，为实现物流园区楼宇的自动可控做好监视测量。

其三，设置安防控制机房，集中监控园区的安防、弱电以及消防状态。

其四，驻地网应保证通信安全、方便接入，并保留一定余量。

其五，加强新型基础设施与已有的资源设施之间的统筹协调、优化协同，发挥数字经济的支撑作用。

（2）发展阶段——管理＋服务

"管理＋服务"的发展路径是指在前期完善基础设施的基础上，在规划指引下，以点带面、分步实施、逐步深入，提高企业的物流水平、完善园区的管理手段、扩大平台的服务种类，使园区的运营成本得到有效控制、运营管理水平得到显著提升。基于该阶段物流园区的发展特征可以得出，为了促进园区的快速可持续发展，需要集中对企业物流技术、园区智慧管理与公共服务平台三个维度进行改造。

其中，企业物流技术主要指的园区入驻企业重点引入先进的物流技术，与政府、高校、园区等机构开展科创合作，发展智慧共享物流，实现绿色循环发展；园区智慧管理主要指的是园区的管委会加大招商引资的力度形成智慧产业集聚区，建设园区车辆管理系统，保障货流、人流的安全；公共服务平台主要指的是管委会联合第三方软件机构等开发公共服务平台，包含物业管理系统、公共信息平台等，在制定标准化数据交换格式的基础上逐步实现信息的联通。

第一，企业物流技术维度主要包括以下几个方面。

其一，智慧物流技术集聚应用。通过园区的招商引资，吸引配备智能物流设备的企业项目落地，推动物流作业效率升级。

仓储管理结合自动导引运输车、无人叉车、货架穿梭车、智能穿戴设备等，应用在收货、上架、存储、拣选各环节。

运输管理结合 GPS、电子围栏等技术，通过运输管理系统全面覆盖从发货订单、运输计划、运输执行到承运商的对账结算功能。

包装管理结合拉伸膜机、打标机、热收缩膜包装机、保险隔热等装备，实现功能性包装处理。

不同类型的物流园区，引进物流技术的侧重点有所不同，如农产品物流园区经营品种涉及水产品、果蔬等，具有季节性和地域性，对于冷链保鲜要求较高，可建设自动化多温层、高标准的冷库设施，配备温度湿度及压力传感器、声光报警器、无线传输终端等，分散采集冷库的多项数据信息，智能分析出入库情况且对设备的故障发出警报，提高冷库运行效率，降低耗能；粮食物流园区，对于智慧化要求较高，要求实现粮食质量检测，可以引入专业的气相色谱仪、气相色质谱联用仪、高效液相色谱仪、原子吸收光谱仪、原子荧光光谱仪、近红外谷物分析仪等高端大型设备。

其二，推进政产学研项目合作。物流园区应加强政府机构、园区管委会、物流企业、高校、科研机构与行业协会的合作，促使高校与科研机构为物流企业提供方案咨询与项目仿真模拟，园区与企业为创新型人才提供实践培养基地，充分调动各方面的资源和发挥各自的优势，形成行业发展合力，建设智慧物流智库。

其三，积极发展智慧共享物流。对共享物流发展机制进行深入探索，共享信息、仓储、技术、设备、配送等资源，推动共享物流向纵深发展，促使物流效率进一步提升。例如，招商路凯和集保的智慧共享物流已经步入成熟发展阶段，通过 GPS 等多种现代技术支持，让托盘在供应链上下游之间通过多次循环利用延长使用寿命，推动托盘利用率进一步提高。

在发展智慧共享物流的过程中，借鉴成熟智慧共享物流企业的发展经验，可以得到智慧共享物流包括以下几种模式。

①向用户开放云仓资源，推动仓储资源共享的实现。例如，就组建全球最大的物流云仓共享平台，菜鸟云仓将仓储资源开放给淘宝和天猫等平台，实现闲置仓储资源的充分利用。

②加大力度发展共同配送、共享托盘、循环周转箱等，节约物流资源，建设循环共用平台，实现单元器具（托盘、周转箱等）循环共用。

③采用借用、租赁、共用、交换等方式共享企业物流设备。

④建立智慧集配平台，通过大数据的资源整合，将订单内的路径进行优化配置，全面共享城市物流配送资源。

第二，园区智慧管理维度主要包括以下几个方面。

其一，加大智慧物流招商引资力度，具体包括以下内容。

①聚焦智慧产业项目建设，主动引进在国家及省级层面获得过相关智慧称号的企业。

②加强与相关企业在智慧物流课题研究方面的合作，与网络货运平台企业、智慧配送企业、智能制造企业等深入交流、全面沟通、加强合作，推动园区高质量发展，培育新经济增长极。如电商物流园区，因为作业品类以快递为主，可以吸引唯品会、京东物流、苏宁云仓等电商网络平台的入驻，提高园区整体的智慧程度。

其二，建设数字化车辆管理系统。目前一些物流园区存在着货物去向不明、货车进园安全管控不严的问题，因此集成车辆管理系统，可以实现车辆出入管理、货物申报、智能称重、定位追踪和车辆引导等功能，通过互联网预约、现场排队取号的方式有效管理进出的车辆，实现物流园区进出车辆与园区资源的高效匹配。车辆管理系统可以缩短司机在园区等候的时间，让管理者对园区内流通的货物实现透明监控，提升园区管理的安全性。

第三，公共服务平台维度主要包括以下几个方面。

其一，打造智慧物业管理平台，具体包括以下内容。

①根据起步阶段制定的智慧物业管理系统专项规划，有序推进相关软件平台开发。

②智慧物流园区的物业管理系统协调和优化园区内各单位、各系统的正常运营，集成多个物业必要功能，提供远程抄表、财务软件接口、网络音视频会议以及其他软硬件产品接口。为了掌控园区的生产安全，可以通过地理信息与相关业务信息的有机结合，集成视频监控系统、电子巡视系统、消防系统等园区安全防范管理系统，实现基于"安防一张图"的楼宇空间资产智能感知。

其二，搭建园区公共信息平台。采取"1+1+N"的方式，即一个物流园区云数据中心，一个物流园区公共信息平台，N项集成服务。园区不仅仅需要建立公共信息门户实现园区介绍与招商的展示，也要开发集成服务系统，如停车管理系统、物业服务系统、自动访客系统等，来为园区管理者、企业、工作人员、政府等多方提供服务。为了更好地推动智慧城市的建设，园区的平台也要将数据及时反馈至智慧城市运营大脑，为总体决策做支撑。

因为园区发展特色各异，不同园区可以结合园区主要业务开发专业的公共信息平台。如粮食物流园区可以搭建竞价交易电子平台进行地方储备粮轮换等业务，运用大数据、云计算、物联网等技术打造产业园大数据平台，实现粮食物流园区各单位粮食收购、仓储、交易、物流等数据信息互联共享；农产品物流园区，可以搭建农产品批发市场信息交易平台，整合农产品的收购、加工、检测、包装、仓储配送等服务，与全国相应的农产品市场联网，发布蔬菜价格指数，水产价格指数，综合日指数、周指数、月指数，让客户及时掌握全国各地的农副产品价格动态，依据价格的变动，做出新一轮的预测。

其三，保障信息平台安全运行，具体包括以下内容。

①物流园区可建立专项负责、专员对接的智慧化信息小组，负责平台的日常运营与数据监测，保障软硬件的可靠性和稳定性。

②制定系统应急方案，对出现的故障及时响应与修复。

③对引进的物流人员进行技术培训，提高用户应用平台的上手速度。

（3）成熟阶段——平台＋共享

"平台＋共享"的发展路径是指以数据交换为基础，以数据通信为支撑，以公共服务平台为核心，构建平台化数据大共享格局。在成熟阶段，物流技术已经达到成熟，企业方面已经有了智慧运营的能力，园区的安全与生产能够实时监测，而如何让公共服务平台发挥最大优势是"平台＋共享"发展路径的核心理念。因此，该阶段的发展模式除了需要让企业创新研发新型的物流技术、让园区在智能化的基础上实现绿色化之外，还需要挖掘公共服务平台的数据经济发展决策价值，即让创新驱动科技，让绿色持续发展，让数据创造价值。

第一，企业物流技术方面，主要是研发智慧物流科技。科技的成熟与进步将会迭代更新物流装备、技术，园区在发展成熟阶段，可以不断创新并探索新的物流模式，合理化引进先进的物流科技，实现"升级版"的智慧物流园区。

第二，园区智慧管理方面，主要是指绿色园区持续发展。实现物流园区的智慧化，绿色可持续是非常重要的指标。除了实现园区管理自动化、物流作业无人化，也要减少粗放式能耗管理带来的大量资源浪费，建设智慧绿色的数字化园区。物流园区在能耗方面的支出占比很高，建筑照明系统、空调温控系统等均是能源浪费重灾区，园区可以通过传感器、控制器、仪表等终端设备实现数据自动采集，基于对能耗数据的分析，识别节能环节和空间，优化节能措施，建设绿色节能物流园区。

第三，公共服务平台方面，主要包括以下几点。

其一，完善数据互联互通标准，具体包括以下内容。

①平台外部接口应提供各个层次面向外部的标准化交互接口，通过标准化数据交换柜的，要明确如消息传递的格式、传输协议和位置等的交互细节。

②物流园区可以主动承担物流技术、装备、流程、服务等标准制定工作，以及安全物流数据采集、管理、开放、应用等相关标准规范，制定企业和园区之间信息交互标准和物流平台应用开发、通用接口、数据传输等标准，从而实现不同企业、不同园区之间的物流信息共享。

其二，挖掘共享数据资源。完善发展阶段建设的物流园区云数据中心，实现由基础设施服务向平台服务、软件服务拓展，由纸质化运单操作向电子运单转变，促进"一站式"园区服务落地，通过共享数据库的服务形成促进园区转型发展的新引擎。在管理方面配备相应的平台运营人员，制定标准的物流园区信息数据交换标准，加强数据的安全保密；在技术服务方面，形成科学完备的技术防护方案，保障企业私密信息、园区基础数据的版块不受入侵，以网络防火墙、数据备份等技术对数据进行加密和备份。通过数据的互联互通、共用共享、钻取挖掘，提高园区的增值服务利润点，促进园区可持续发展。

二、智慧物流管理人才需求特点

伴随着经济的发展、社会的进步，物流行业也经历了不同的发展阶段，如传统物流、三方物流、供应链物流、智慧物流阶段。通过以上各个阶段的发展，目前我们已经进入智慧物流的发展阶段，智慧物流的发展也将影响人们生活的方方面面。

伴随着产业结构的调整，生产制造领域的流程化、智能化进一步加强，制造业对于物流业人才的专业性、复合性要求不断升高，要求现代物流管理专业人才不但要学好、掌握好物流的本专业知识，还得学习及掌握云计算、大数据、物联网等先进制造领域知识。

智慧物流管理人才相较于传统物流管理人才来说，原先的传统物流运营知识是智慧物流管理人才在行业立足所需具备的基础素质，在此基础上要形成"X"的技能提升，包括：程序运维、机械设备维修、大数据分析等。因此，对智慧物流管理人才的需求是一个动态变化的过程，始终伴随着社会经济的发展、始终伴随着先进制造的发展。

三、智慧物流管理人才需求种类

（一）数据类人才

物流大数据人才的应用是大数据能够在物流运营系统中发挥最大价值的基础。对物流系统中的大数据进行处理与分析，挖掘一些有价值的信息，可使物流企业科学合理地进行决策，提高运送效率。数据类人才可以通过对大数据的分析，提前预测出消费者在各种促销、清仓等活动中对相应产品的喜爱度及订货量需求，为仓库商品备货及运营策略制定提供依据，对仓储、运输、配送网络进行优化设计，节约库存成本和运输成本。

（二）技能型人才

目前，我国物流业急需大量具有创新性且懂高端技术的物流管理人才。尤其是在智慧物流背景下，智能技术研发类人才以及设备维护人才需求将进一步增加。

一方面，在智慧物流行业发展中，并非各种类型的智能设备推动其发展，而是高素质的算法研究人员发挥着重要作用，他们通过技术研发不断提升智慧物流的发展水平。因此，智慧物流市场对此类技术研发人员的需求会增加，且对此类人才在学历和技术等方面都有较高要求。

另一方面，在智慧物流的发展中，由于使用大量的智能设备和智能技术，此类设备和技术的功能和性能直接关系到智慧物流效果的发挥。而在实际的智慧物流中，相关设备不可避免的会出现一些问题，为了确保设备和技术的功能，需要进行及时和有效的维护，因此，市场对此类维护人才的需求也比较大。此类工作岗位对技术性的要求并不是特别高，但对人才的知识理论和实践能力具有一定要求，需要在人才培养中注重这些方面能力的培养。

（三）复合型人才

传统物流人才知识分散化，使包装、仓储、运输、配送中存在的各种操作问题难以在第一时间得到解决。因此，引入复合型人才极其重要。他们可以结合自身掌握的多方面知识，提供更多有效的决策信息，降低物流运营成本，提高运营效率。物流本身就是一个跨企业、跨部门的复合型学科，在现代物流业朝着智能化方向快速发展的背景下，更需要调整人才培养方案，培养更多的复合型物流管理人才。

第二节　高职现代物流管理专业人才培养面临的挑战

一、校企合作深度不够

对于高职院校来说，通过建立校企之间的合作关系，深入开展校企合作办学是培养高素质物流管理人才的必由之路。校企合作的模式，可以使两方的优势得到互补，实现资源的有效整合，加快高职现代物流管理专业学生在毕业后融入企业的速度。此外，通过校企合作，也解决了高职院校在实践教学方面校内模拟实验的缺陷，为学生提供一个真实的工作环境进行实际操作过程的模拟。另外，通过双方的合作，物流企业对于物流管理人才的需求可以很快地传达到高职院校，高职院校可以根据企业的实际情况调整其专业设置与课程结构，使得物流管理人才的培养与企业的需求相符合。然而，在实际教学过程当中，学生实习实训难是困扰我国职业教育发展的普遍性问题。

在实践中，很多项目的合作，都表现在双方的合约文件上，至于真正的多方合作制度、运行机制等方面，都是不明确的。

因此，受多种因素的制约，校企合作和产学研结合的良好局面并没有完全打开，部分高职院校的校外实训流于形式。在排课计划上，一些学院会安排在校现代物流管理专业的学生到校外相关企业进行实习，但这类实习缺乏组织性，且多不能进行对应的顶岗实习，只以参观和现场接受指导为主。通过调研发现，校外实习开展的次数越多，企业对毕业生的社会认可度也相对较高。

而在企业方面，企业人员反馈学生的职业能力较差，且一些企业认为，这些学生不是企业所需要的，其主要原因是学生目前的实训多为校内模拟实训，应有企业实质性的参与才行。调查过程中，凸显了一个重要问题就是企业在人才培养方面参与程度低，大多都流于形式，原因主要是院校没有专门的部门管理、怕承担安全责任，企业无法提供以班级为单位的实习名额、管理松散。

学生到企业实训、实习，一些物流企业觉得实习学生上手太慢。即使企业勉强接收实习生，也多是让学生参观、做些杂事而已，学生很难获得实质性的学习机会。因此，学校要积极寻求社会的支持，避免学校教学与企业需求的脱节。

此外，因专业发展的目标不确定，导致学生的培养方向不明，学生的职业能力与素养就存在不确定性。通过调查发现，在一些校企合作的实训活动中，很多学生不愿从事一线的生产、服务工作，眼高手低，而企业也很难在学校招到合适的物流管理人才。学生的职业能力缺失是一方面，职业素养的不足是最严重的，在顶岗实习中，存在学生随便离岗离职的现象，严重影响了企业正常的生产经营。

由此可以看出，如上诸多因素，造成物流从业人员整体基础薄弱，行业从业人员接收系统教育的程度偏低，对现代物流及电子商务等方法、新技术了解还不够深入，不能适应物流行业发展的需要。而大多数高职院校的物流管理教育发展也相对滞后，无论是物流学历教育，还是物流职业教育在教学内容、教学方法、实训环境等方面还有很多不足，不能满足物流行业高速发展的需要。这几大问题不解决，政府、社会、学校投入再多的人、财、物，只能是事倍功半。

二、物流教学设施不足

现代物流管理专业课程强调将所学知识灵活运用到实际操作中去，但由于一些学校的投入资金有限，校内的物流实训场所在空间和设施设备的先进性方面都难以与物流企业相提并论。学生在学校的学习以理论为主，实操为辅，难以提高学生学习的成效和兴趣。一些高职学校的物流实训场所只能完成物流仓储实训课程，其校外实习的企业也大多是物流仓储企业。物流教学实训场所软硬件达不到现代高职院校校内实训场地的要求，往往会直接导致学生无法将所学的理论知识融入实际操作中。

三、物流教学资源的改善迫在眉睫

首先，目前的教学资源及教学方式都过于单调。在学生学习积极性不高的情况下，尤其在高职院校里，资源的单调与无趣，是很难提高其教学质量的，这主要是因学生学习观念、学习能力等方面的问题造成的。例如，在学习观念方面，职业院校的一些学生是茫然的，学习目标是不明确的。进入大学，突然没有了学习压力，没有了奋斗目标，对后续整体的职业生涯缺乏规划，对毕业后工作定位、发展方向等很是茫然和无知，且又不知如何解决这些问题；在学习能力方面，一些高职院校的学生，本身就底子较差（例如，有的学生，是省内专科第四批的录取，还有部分是中专生和技校生），文化知识相对缺乏，自主的学习能力也较弱，学习的兴趣不是很高，存在混时间、混文凭的现象。还有一部分的学生，其专业的选择，都是别人代选的，学习的主动性就更差了。

其次，物流教育的发展与创新，对物流教学资源的建设也提出了更高的要求。目前在教学体系中，现代物流管理专业教材过于理论化，物流课程设置中实践课程也比较少，或者缺失专业化的实践环境，物流实践性课程形同虚设。

第三节　高职现代物流管理专业人才培养的目标定位

一、高职人才培养目标的定位

（一）高职人才培养的目标迁移

纵观我国职业教育相关的政策文本，高等职业教育的人才培养目标定位经历了以下变迁：20 世纪 80、90 年代，高等职业教育的人才培养目标为培养"技术型、实用型人才"，2000 年前后，国家先后发布《教育部关于加强高职高专教育人才培养工作的意见》（已废止）《国务院关于大力推进职业教育改革与发展的决定》，指出高职高专教育的培养目标为培养拥护党的基本路线，适应生产、建设、管理、服务第一线需要的，德、智、体、美等方面全面发展的高等技术应用性专门人才；21 世纪初，国务院印发《2003—2007 年教育振兴行动计划》将职业教育的人才培养目标定位于培养技能型人才；从 2012 年至今，我国高等职业教育的人才培养目标为培养技术技能型人才，2019 年《国家职业教育改革实施方案》（职教 20 条）中提出"高素质、复合型"技术技能人才培养目标，强调了高等职业教育与产业、企业之间的内在联系。总而言之，我国高职人才培养目标经历了从技术型人才到技能型人才再到技术技能人才的逐渐演变。然而，在新经济、新业态的背景下，技术技能型人才在不同类型的专业轨道中有着不同的内涵，只有依据不同的专业轨道特征明确人才培养的特征，才能为合理开展高职院校不同专业的人才培养模式改革，避免人才培养的同质化。

1. 从"高复合、低专深"向"高复合、高专深"迁移

高等职业教育是基于社会和市场，以促进经济发展为己任的教育，其人才培养的目标跟随产业转型和市场经济而变化。早期，旨在培养具有高超的技术操作能力的"技术型、实用型"人才属于"高复合、低专深"，意在强调人才的操作复合能力，忽视对某一领域的深入研究；后期，旨在培养服务具体岗位的应用型人才则是"低复合、高专深"，这时已经划分了专业的界限，需要针对具体专业深入研究；如今，技术技能型人才有着不同的专业轨道，人才培养目标已经演变为"高复合、高专深"，既要求具有一定的专业复合能力，也要对本专业轨道有一定的了解和研究。

在新的时代背景下，知识爆炸带来了技术的飞速发展，这也对以职业性著称的高等职业教育的人才培养提出了新要求。换句话说，高职的人才培养不再是聚焦简单的技能操作，而是要求培养人才更加专深的知识与技术技能。另外，由于现代职业教育的本质特征就是多专业与行业的融合跨界，这就要求现代职业人才也具备相应的能力。在新的时代背景下，高职人才培养模式的改革则要求确立基于不同专业轨道的"专深"与"复合"兼并的人才培养目标。

2. 从"职业导向"向"职业性与教育性"兼并迁移

职业导向是高等职业教育区别于普通教育的一个重要特征。所谓职业导向是指按照企业或者工作岗位的具体需求设立人才培养目标，旨在关注人才与岗位的适配关系，培养人才针对某一岗位所需要的技术或者技能。

在工业社会早期，通过职业导向所培养的人才基本可以满足社会和本岗位的发展需求，也就是说只掌握岗位自身的知识与技能就可以胜任相关的岗位。然而，随着现今工业的发展，单纯的职业导向已经不能满足社会与职业的发展，创新与发展成为教育的重中之重。无论是职业教育还是普通教育，不再是单一地、割裂地培养技术或者技能人才，而是需要回归教育的本质，兼顾职业教育的"职业性与教育性"。

职业性为人才指明了职业培养的方向，而教育性则指明了人才培养的最终目的是人的全面发展。因此，高等职业教育的人才培养目标既要满足职业教育的"职业性"，培养学生的职业能力，也要回归教育的本质关注人才培养的教育性，

注重人的全面发展。只有兼顾职业性与教育性才能够培养出时代所需要的人才，不为时代所淘汰。

3. 从被动获取向主动创新迁移

最早的职业教育是以"师徒"的形式开展的，徒弟的学习内容和学习方式都由师傅规定和选择，早期的职业院校也是针对某一行业的基本操作确定学生的学习内容，学生的学习内容由职业要求和学校筛选而定。在传统的职业教育中，学生始终处于被动获取知识的角色中，所学的内容也是一成不变的基本操作和少量的理论知识。

然而，随着工业革命的迅速发展，新时代的知识呈爆炸性增长，各类新工艺和新技术更是层出不穷。被动获取的学习生态难以满足学生个体发展以及社会发展的需要，因此，主动创新成为应对新时代的必然选择。不同于普通高等教育的理论和知识的创新，职业教育主动创新的主要聚焦点为个人素质、专业认知、专业技能和创新意识。

个人素质主要是指学生个体的自我提升能力，包括学习能力、团队意识、成长能力等，推动学生的学习视野不断扩大。教学过程中不仅要对学生职业能力的培养与形成加以关注，更要对学生的个人成长与发展加以关注。

所谓的专业认知是指对本专业或相关的行业的发展前景、行业规范、行业竞争的整体认识，不仅关注本职业的技术层面，更对整体发展有着清楚的了解与认识。

所谓的专业技能既包括专业技术的娴熟程度，也包括通用技术的掌握程度。专业技能的创新是指结合现代技术、新兴技术、专有技术等提升对现有技术的熟悉程度，以及对设备的操作、控制等通用技术的升级和改造。

创新意识则是突破传统的被动获取学习模式的关键，既包括思想层面的创新，也包括行动的创新，即能够求变、进取的思想意识和创新修正的行为意识。

（二）现阶段高职人才培养的目标定位

2012年国家政策性文件明确指出我国高等职业教育的培养目标旨在"培养发展型、复合型和创造型的技术技能人才"；2014年国务院印发的文件深化了高职人才培养的目标，提出培养高素质劳动者和技术技能人才；2019年《国家职业教育改革实施方案》再次强调"高素质劳动者和技术技能人才"的定位，并且还增加了"高端技术技能人才""复合型技术技能人才"等说法。

尽管我国对于高职人才培养目标的定位有一定的探索和研究，但是大多是从宏观层面而论的，缺少对不同类型的专业分类和定位，造成了办学目标定位和人才培养模式的趋同。因此，在确定高职人才目标时使不同类型的专业在各自的轨道中实施人才培养显得尤为重要。

美国弗伦奇（H.W.French）提出的"职业带"理论，根据理论知识和操作技能掌握的比例，将人才类型划分为技术工人、技术员和工程师，通常将这三种类型的人才培养分别对应为"职业教育、技术教育和工程教育"三类教育类型。依据最新的政策文本不难发现，目前我国高职教育的人才培养的总目标定位为"技术技能人才"，对标"职业带"理论中技术员的区域。

所谓的技术员是指区别于纯操作技能掌握的技术工人和理论知识优于操作技能掌握的工程师，是理论知识与操作技能交叉融合的人才类型。因此，技术技能人才的基本特征就是兼顾理论知识与操作技能。针对新的时代背景下新兴专业、新型专业和新生专业的分化特征，高等职业教育的人才培养目标依据不同的专业分化特征可以深化为复合型技术技能人才、创新型技术技能人才和高素质技术技能人才。

1. 复合型技术技能人才

人才培养的最终目的是给市场提供所需的人才，这就需要人才培养方精准把握市场人才需求的特征。在当前的社会背景下，为满足新业态下的市场需求，新生专业应运而生，其根本特征是不同学科的交叉和融合。面对新生专业，技术技能型人才可以精准表述为"复合型技术技能人才"。

所谓"复合"是该专业所涉及的不同学科之间的复合，即学生要能够掌握对于不同学科的学习能力和专业技能力，具体而言就是具有宽泛的专业知识面，既包括了解行业发展的总体情况和相关的法律法规，也能够胜任管理性、服务性的工作。复合型技术技能人才的根本特征在于其宽泛的知识面，能够了解或掌握与本专业相关的知识与能力。

2. 创新型技术技能人才

在新的时代背景下，为适应技术和知识的快速更迭，与传统专业完全不同的新兴专业适时出现。新兴专业面对的是不同于传统专业的全新的知识与技术，既要求学生能够学习和掌握全新的知识与技能，更要求学生成为面对新领域具有创新精神的创新型技术技能人才。高等职业教育领域的创新始终要围绕着职业教育的根本任务，既包括在真实的工作情景和工作任务中的技术操作创新，也囊括了在解决实际问题时的创新意识与创新精神。具体包括以下几方面。

一是创新精神。所谓的创新精神不是从无到有的过程，而是能够在前人的基础上提出自己的看法和观点的能力，也就是说，要能够运用已有的知识、技能、方法提出新观点和新方法。

二是创新意识。职业教育最本质的特点在于它的实践性，强调培养人才在实践层面的相关能力。所谓的创新意识就是要求在实践探索中结合生活和发展的需要，能够拥有创新创造的意愿和设想。

三是创新能力。职业教育最终的表现形式就是能够解决实际问题。创新能力就是学生在实践活动领域结合现有的知识和理论，能够产生的新颖、独特并对个人和社会具有创造力的能力。

3. 高素质技术技能人才

无论培养的目标与方法如何千差万别，对于普通教育与高等职业教育而言，其本质都是为了培养人，为了实现学生的发展与进步。一般来说，认为高等职业教育的主要特性就是其职业性，但是其"教育性"与"人"才是教育的根本。据此，更加应该重视高素质技术技能人才的培养。

所谓高素质技术技能人才是培养指培养学生具有良好的能力和品行。这里所指的能力是广义的概念，既包含了与职业相匹配的专业核心能力，也涵盖了更为宽泛的、基础的通用能力。通用能力，顾名思义，区别于专业核心能力就在于其通用特性、基础性，如团队协作能力、终身学习能力、人际交往能力等。品行则是指个人的行为准则与要求，包含职业道德、家国情怀、职业修养等，在人才培养模式中主要由通识课程进行培养。

二、高职现代物流管理专业人才培养目标

结合由国家发改委 2016 年 2 月发布实施的《物流从业人员职业能力要求》及相关调查得出的地方物流企业对于物流管理人才需求情况，确定现代物流管理专业现代人才培养模式以构建现代物流为主体，着力培养适应社会需要的德、智、体、美、劳全面发展，具有良好职业道德和职业素养，掌握现代物流管理专业对应职业岗位必备知识与技能，能在生产、服务一线从事仓储与配送业务、运输业务、国际货代业务等岗位群的工作，具备职业生涯发展基础和终身学习能力，具有较强实际操作能力的高素质劳动者和技能型人才。

培养目标的明确不仅仅是针对单独的某个物流企业的，而是依据整个区域物流市场而定的，同时还要注重培养学生迁移能力，为今后在职场上能够继续提升自我打下坚实基础。高职学生较之于本科学生而言，在理论知识储备和运用方面稍有欠缺，为了提升高职现代物流管理专业学生竞争力，着力培养学生操作能力是关键，有"技"傍身，便可使学生在今后求职和晋升道路上有"技"可施。

此外，当前物流企业所需要的员工，不仅需要精湛的技能，更需要过硬的职业道德、心理素质、忠诚和奉献精神，尤其是从事物流一线岗位的员工，工作环境艰苦、工作时间长、工作内容单一。因此，高职学校应重视现代物流管理专业学生的德育，将德育内容融入专业课程中，让学生在进行专业学习的过程中无形地接受物流职业道德教育，培养学生吃苦耐劳的职业精神、积极进取的工作态度，为将来成为真正的"物流人"做好准备。

高职现代物流管理专业人才培养不仅仅是培养学生的知识储备和动手操作能力，同时还关注学生在未来的学习和生活中能持续进步，不断提升自我。因此，在日常教学过程中，现代物流管理专业教师要注重加强学生各种职业能力的培养，譬如对工作岗位的适应能力、团队协作能力、自主学习能力、发现问题及解决问题的能力，以帮助学生未来在物流企业上岗后能保持持续学习的状态来面对一切挑战。具体来讲，高职现代物流管理专业学生的基本素质及职业能力的分类和要求如表5-1所示。

表5-1 基本素质及职业能力的分类和要求

分类		要求
基本素质		①具有良好的道德品质、职业素养、服务意识、竞争和创新意识。 ②具有良好的责任心、进取心和坚强的意志。 ③具有良好的人际交往、团队协作能力。 ④具有健康的身体和心理。 ⑤具有良好的书面表达和口头表达能力。 ⑥熟练运用计算机，能进行物流信息处理。 ⑦具有正确人生价值观。 ⑧具有求真务实的工作态度。
职业能力	职业基本能力	①基本的成本核算、账务处理能力：具有计算物流服务费用、核算物流服务成本的能力；具有基本的物流企业账务处理能力。 ②货品的识别与简单养护能力：具有常见货品的识别判断能力；具有常见货品的养护能力。 ③常见物流设施设备的使用与维护能力：具有常见物流设施设备的识别能力；具有操作常见物流设施设备的能力；具有维护和保养常见物流设施设备的能力；具有常见物流设施设备故障排除的基础能力。 ④开展仓储业务的基本能力：具有仓储业务基本流程的处理能力；具有货品进、出、存相关作业的计划及实施能力。 ⑤开展运输业务的基本能力：具有运输业务基本流程的处理能力；具有常见运输作业的计划及实施能力。 ⑥开展国际货代的基本能力：具有国际货代基本流程的处理能力；具有单证制作的能力。

分类		要求
职业能力	职业核心能力	①仓储与配送方向： 进行货品入库、在库、出库相关作业流程的计划及实施能力； 合理选择存储及配送设备的能力； 返品处理和流通加工等相关作业能力； 常见的装卸搬运设备、计量设备、保管设备、包装设备、监控设备的使用与设备保养及简单维修能力； 常见的物流信息设备及信息系统的使用能力。 ②运输方向： 选择货物运输线路与方式，提出运费报价，核算相关运输费用，进行运输投保、理赔的能力； 正确识读、熟练填制各种运输单证的能力； 根据作业单进行现场货物装卸搬运作业的能力； 根据场站布局、货物性质、车型装载量进行货物配载、现场调度的能力。 ③国际货代方向： 对单证的受理、分析、审核、填制、复核和保管的能力； 揽货订舱、接交货、出入库、拼拆箱、装卸车等作业能力； 开展报关和报检业务的能力； 缮制货物运输投保单和保险单的能力。
	职业综合及拓展能力	①从事网络营销和平台操作的能力。 ②择业、就业、转岗和自主创业的能力。 ③社会适应能力和再学习能力。 ④在物流工作岗位上能利用所学知识和技能完成具体工作。

第六章 高职现代物流管理专业的人才培养模式

本章分为高职现代物流管理专业人才培养模式构成要素、国外物流管理人才培养模式、国内高职现代物流管理专业人才培养模式三部分。

第一节 高职现代物流管理专业人才培养模式构成要素

一般认为，高等职业院校人才培养模式的构成要素主要包括培养目标、专业设置、课程体系、教学工作、师资建设、教育评价等，还包括目标制定、过程实施、评价改进等多个环节。这里只针对其中的两种常见要素进行具体介绍。

一、培养目标

培养目标是指培养主体对人才培养的具体发展方向、培养形式、培养内容及最终应达到的某种规格做出的要求。高等职业院校的培养目标由其社会功能定位所决定，一是要考虑人的全面素质提高，包括身体、精神、人文等多方面，使学生树立正确的世界观、人生观和价值观；二是要使学生具有综合职业能力，最终形成能够满足社会和个体发展需要的能力结构。

二、教学工作

教学工作是紧紧围绕制定的培养目标而进行的有目的、有组织、有计划的一系列教育活动。教学工作是学院的主要工作，学院所有部门的工作都要围绕教学工作进行，为教学工作服务。

高等职业院校既要将人类社会发展过程中积累沉淀的知识技术和道德伦理通过教学传递给学生，也要让学生通过教学活动，在职业综合素质和职业技术能力等方面获得发展，使其进入社会后能够实现自身价值。

第二节　国外物流管理人才培养模式

目前，发达国家经过多年的物流职业教育的发展，已经形成了完善的物流管理人才培养模式，包括"双元制"、CBE、"宽口径"、BTEC、TAFE 以及"政校合作"模式等。下面，对于国外各种物流管理人才培养模式进行具体介绍。

一、德国"双元制"模式

德国物流业非常发达，这与其制造业高度发达具有重要关系。德国具有完善的职业教育体系来对物流管理人才进行开发与培养，以满足企业发展的需要。德国物流职业教育主要采取"双元制"教学的模式。通过"双元制"教学，被培训人员既能够学习到相关的理论知识，又能够获得丰富的实践经验，从而满足物流企业的需求。在这种模式下，学生一般每周在学校中接受一到两天的理论知识学习，了解相关的理论知识，剩下的三到四天的时间则在企业进行物流方面的专业实践能力方面的培训。双元制模式的整个培训周期大概为两年到三年半。

德国"双元制"的物流管理人才培养模式之所以能够成功有以下几个原因。

首先，完善的法律制度是其能够有效推行的重要保障。德国政府制定了《职业教育法》《职业教育促进法》等相关的法律法规，对于从业人员的职业教育从法律上进行了明确规定，从而保证了本国的职业教育能够有法可依，使得职业教育能够形成完善的运行体系。

其次，充分发挥各级组织的优势。德国"双元制"模式监督主体为政府和行业协会，而参与主体为企业和学校，因此，形成了一套完善的组织管理体系，充分发挥了各级组织的优势，使得物流职业教育能够有序进行，保证了正常的教学秩序。

再次，德国通过严格的考核制度，来保证物流管理人才培养过程中的培养质量。德国被培训人员需要经过学校与企业的双重考核。学校考核主要是对专业理论知识的考核，而企业则主要进行技能的考核，只有在考核合格后才能颁发相应的职业技能资格证书，成为合格的物流管理人才。

最后，德国的物流管理人才的培养还有完善的师资及多元化的资金支持。德国对于自身的职业教育教师的培养与认定制定了非常严格的认定体系，教师不但需要具有完善的理论体系，还需要具有丰富的实践经验。同时，德国联邦政府、州政府以及企业共同为其职业教育提供完善的资金支持，并通过必要的财政税收政策来激发企业参与培训的积极性。

"双元制"模式，使得培训出来的物流管理人才能够迅速适应企业岗位的要求，学生在培训完成后即可进行工作，有效地满足了企业需求，使得本国物流业得到快速的发展。

二、北美国家 CBE 模式

CBE 模式是以美国及加拿大等北美国家为典型代表的物流管理人才培养模式。所谓 CBE，即 Competency Based Education，意思为以能力为基础的教育体系。该种模式倡导的是综合职业能力的培养。该模式以对职业角色的分析为起点，以职业能力的获取为原则，被培养人员处于主导地位。这种模式一般通过实训的方式来进行，大部分的教学在实习车间内进行，实习车间完全参照企业实际情况设立，教学过程就是对企业实际生产活动的模拟，很多教学课程都要到企业中进行亲自实践。该模式专业课程的设置一般将市场需求作为依据，通过学生个性化的自我学习与自我评价，来实现学生的全面发展。

CBE 模式是一种比较规范与细致的模式。

首先，其重点在于技术能力的培养。CBE 模式下，学生在专业实习前，就已经了解到相关的理论方法，从而可以在"专业生产实习"基础上进行下一阶段的学习，进而在实践基础上提升实际操作水平。

其次，CBE 模式重视培养物流学员的实际操作能力。CBE 模式强调学生必须具备较强的实际操作能力，只有这样才能更好地协助企业进行经营。对此，该模式增加了操作与设计课程时间，通过对每个学员的实际操作能力的锻炼，使其成为专业的物流管理人才。

最后，CBE 模式在课程的设计方面，重点突出与企业需求密切相关的教学课程，并保证该部分的授课时间。同时，对于理论知识的学习强调实用性，没有过于高深的理论知识，将与综合职业能力相关性较小的内容进行了删减，从而保证培训的针对性。另外，在课程的设置方面较为灵活，并具有较强的自主性，学生可以随时根据自身的实际情况来安排自己学习的时间与方式，从而实现个性化、高质量办学。

CBE 模式可以在保证被培训学员质量的同时，实现快速成才，从而保证本国的物流管理人才的供应，因此对于物流管理人才的培养具有积极的意义。

三、日本"宽口径"模式

把企业教育作为职业教育中的一环，可以算是日本职业教育的一大特色。日本的大型物流企业和物流协会都非常重视物流管理人才的培养和教育，如日本的通运、山九株式会社等企业，在企业运营中纷纷与政府合作开展各类的物流调研、会务、推广、培训等工作。企业教育一般分为新录入人员教育、一般工作人员训练、经营者训练、管理者训练、监督者训练、技工训练、及时训练、不同职务的训练等。

四、英国 BTEC 模式

BTEC 是英文 Business & Technology Education Council 的缩写，即商业与技术教育委员会，该机构是英国著名的职业资格授予单位。学生通过 BTEC 的教育之后，就可以直接上岗工作，而物流企业不再需要重新对该学生进行培训，故其在物流企业中广受欢迎。

接受过 BTEC 教育的物流管理人才之所以广受欢迎有以下几点原因。

首先，该模式强调对于通用能力的培养。与大部分物流教学模式以学科体系进行教学不同，该教学模式强调通过通用能力与专业能力的学习来提高学生的水平。所谓通用能力，是指任何人在从事任何工作时所必须掌握的技能知识，因此，通过该模式，学生不仅可以掌握物流相关的知识，还可以了解到其在工作时的一般知识。

其次，该模式强调以学生为中心。以学生为中心是该模式的核心理念，因此，该模式下课程的开发、教学目标的设定等都遵循了这一核心理念，并尊重学生的个性。

再次，教学方法的创新性与多样性。其在教学的过程中独创的"三个三分之一"的教学方式，即课堂教学、资料查询以及社会实践各占三分之一，使得理论与实践相结合，有效扩展了学生视野，保障了学习的效果。该模式对于教师的能力也提出了很高的要求，教师不仅需要掌握基本的知识，还需具备一定的创新精神，同时还需要相应的物流方面的实际工作经验。因此，要想满足 BTEC 教学的要求，老师也需要不断地对自己进行充实与提高。

最后，BTEC 教学也有自己独特的考核评估方式。该模式考核的重点在于学生是否仅靠自己独立解决相关的问题。因此，对于学生的成绩是否合格并不是以最终考试成绩为参考，而是充分参考学生平时表现，使得考核的结果更能反映学生的真实水平。

五、澳大利亚 TAFE 模式

TAFE 是 Technical And Further Education 的简写，TAFE 是澳大利亚的一所高职院校，该学院学员有五分之四的时间在工作场所进行工作实践方面的学习，剩余五分之一的时间在学院进行理论知识的学习。澳大利亚的物流管理人才的培养，大都采取了这种模式来进行。该种模式是以物流业为推动力量，并同政府及学校紧密结合的人才培养模式。该模式在物流管理人才培养方面强调培养的针对性与实用性，使得培养出来的学员能够满足物流业对于物流管理人才的需求。

该模式在物流管理人才培养方面有自己独特的优势。

首先，由政府推动制定全国统一的物流专业资格标准体系。澳大利亚政府对于职业教育非常重视，其各级政府通过各种方式来提升职业教育的质量，因此，物流职业教育也得到了各级政府的鼎力支持。制定全国统一的物流专业资格标准体系，使得物流管理人才的培养更加具有针对性。

其次，办学机制及方式灵活多样，满足了不同层次的物流管理人才的需求。该模式对于学习对象的要求除需要接受澳大利亚本国 12 年的基础教育外，没有其他的限制；对于学习的时间也较为灵活，最短学习几个月即可，最长一般为三年左右，只要学习人员达到了学院所要求的学分即获得了相应的资格，也可通过在职或离职的方式进行学习，授课教师会根据学生的特点进行灵活的调整；在授课的过程中，不指定固定的教材，由教师根据市场需求情况进行自主的选择，并以讲义为主，这使得老师必须具备丰富的理论知识与实践能力。

再次，对于课程的考核工作也灵活多样。主要以实践能力的评价为主，对理论知识的掌握要求较低，考核的方式也多种多样，包括观测、第三方评价、面谈、自评、口试、案例分析等。

最后，行业作用明显有利于产学研的一体化发展。对于物流管理人才的培养而言，该种模式充分发挥了物流行业的作用，推动了物流管理人才培养过程中的产学研一体化，促进了物流管理人才培养的可持续化发展。

六、新加坡"政校合作"模式

新加坡的职业教育，采用的是"教学工厂"这一教学理念，借鉴了德国的

"双元制"，强调职教模式的可实践性和效果的可评估性。在培养体系建设方面，新加坡已建立了全方位、多层次的物流职业教育。

新加坡的"教学工厂"非常重视学生的实践教学。例如，在每个学年里，每学期有8周的时间，学生要在企业里顶岗实训，学生的工作情况，企业要做全面的评估，并提出针对性的改善计划。而在学校的实际教学过程中，学校会对每位学生做有目的性的项目设计规划，在这期间，学生每周不仅要做项目，还要去企业实习。

除上述几个国家以外，韩国等国家的高职物流教育体系也非常发达，为本国物流业培养了大量的物流管理人才，有效地提高了本国物流系统的运作效率，降低了物流社会总成本和费用。从国外物流管理人才培养模式的介绍可以看出，经过几十年的发展，这些国家已经形成了完善的物流管理人才培养模式，为本国的物流业培养了大量的人才。国外在物流管理人才的培养方面，注重理论与实践相结合，不仅使得学员学到了必要的理论知识，还使其具备丰富的实践经验。而且，国外在物流职业人才的培养方面，有相应的制度进行规范，保证了物流职业教育能够形成完善的运行体系；政府以及行业协会对于物流管理人才的培养较为重视，能够采取有效的措施来保障教育培训工作落到实处。

在培养资金方面，国外也形成了多元化的培养资金来源，保证了被培训人员能够顺利完成培训。

另外，国外在培训的同时十分注重学员自身能动性的发挥，使得学生成为学习的主体。

第三节　国内高职现代物流管理专业人才培养模式

一、订单式培养模式

目前，我国多个高职院校的物流管理人才培养采取了订单式培养的方式。所谓物流管理人才的订单式培养，就是高职院校与物流管理人才需求企业共同进行物流管理人才培养工作的一种人才培养模式。我国的物流管理人才的订单式培养一般采用"2+1"的模式，前两年在学校学习知识，后一年进入企业实习，在实习前由合作企业对学员进行面试，面试合格后进入企业实习。

订单式培养的方案弥补了我国高职教育过程中学生实践能力不足的缺陷，在一定程度上满足了企业的需求，增加了人才培养的针对性，使得教学质量得以提高。在订单式培养过程中，能否达成学校、企业与学生三者目标的一致性对于订单式人才培养成功与否非常重要。

二、顶岗实习模式

顶岗实习模式，就是高职院校现代物流管理专业学生到企业进行在岗实习，一方面，学生是高职院校学生，另一方面，学生还是企业的在职员工。通过顶岗实习模式，学生一方面可以进行物流方面具体工作的实践，另一方面可以学习相应的理论知识，使得学生可以得到综合的发展。在顶岗实习的过程中，需要学校、学生以及企业三个方面的主体共同参与其中，学校是组织者，学生是执行者，而企业则是提供者。

顶岗实习模式，使得学生在企业中得到锻炼，从而实现了自身的快速成长，为以后的就业打下良好的基础。但是顶岗实习的模式也存在一定的不足，对于物流企业来说，能够接纳的顶岗实习的学生数量可能会较少，且学生安排得可能会比较分散，不利于学校对学生的管理。同时，学校教师与顶岗单位的交流可能会较少，仅仅通过顶岗学生可能会无法充分了解企业对学生的要求。而且顶岗学生可能并不会被物流企业所认同，导致两者之间的合作出现一定的问题。

三、工学交替模式

工学交替模式是在现有学制的前提下，在对教学计划进行统筹安排的情况下，让现代物流管理专业学生的校内学习与校外实践交替进行。目前，我国的高职院校一般采取的是"2+3"的工学交替模式，即学生两天工作，三天学习的教学方式，由学校给学生联系实习单位，由企业人员对学生进行现场的指导，从而使学生理论与实践相结合。

工学交替的物流管理人才培养模式，可以有力地缓解物流管理人才在供需之间的矛盾，使得学生能够及时将所学到的知识与实践相结合，学以致用，培养出高素质的物流管理人才，使得企业只需对学生进行简单的培训，就能培养出适合本企业的应用型人才。该模式在实际应用的过程中也存在一定的缺点，如实训企业缺乏，职业氛围不高，学生在实践过程中不能充分地按照企业的制度来要求自己，教学方法相对落后，软硬件条件无法满足学生的要求等问题。

就我国而言，经过一段时间的发展，在借鉴发达国家培养经验的基础上，许多高职院校也形成了具有自身特色的高职物流管理人才培养模式，如订单式培养、顶岗实习、工学交替模式等，在一定程度上满足了我国物流业对于物流管理人才的需求。

但是，相对于国外一些更加完善的高职物流管理人才培养模式，我国的高职物流管理人才培养在制度保障、师资投入等方面，仍存在着较大的差距。而且，每种模式也都存在着一定的缺陷与不足，这在一定程度上制约了我国的高职物流管理人才培养工作。因此，我国高职院校需要在借鉴国外先进培养模式的基础上，不断改进自己的培养模式，来为我国物流业培养更多的人才。

第七章　高职现代物流管理专业的人才培养策略

现代物流管理专业人才培养计划需要更加多元化和创新性的教学模式，使人才培养成为现代物流管理专业教学的核心。本章分为高职现代物流管理专业人才培养方案、高职现代物流管理专业人才培养优化策略、产教融合背景下高职现代物流管理专业人才培养优化策略三部分。

第一节　高职现代物流管理专业人才培养方案

一、高职现代物流管理专业人才培养方案要求

（一）遵循人才培养方案四项原则

新时代对高职现代物流管理专业人才培养方案的科学制定和合理实施、人才培养质量的稳步提升提出了更高的要求。做好人才培养方案的制定和实施首先必须坚持四项原则。

一是育人为本，促进全面发展。坚持立德树人，教育教学工作充分融合习近平新时代中国特色社会主义思想，使其全方位充分融入现代物流管理专业教材、现代物流管理专业的课堂，同时也体现在物流管理人才的身上。将工匠精神、专业精神和职业素养纳入人才培养方案中，使学生具备良好的物流行业职业道德、卓越的物流职业技能、规范的物流职业行为以及务实的物流职业作风。

二是坚持标准引领，确保科学规范。以职业教育国家教学标准为基本遵循，如现代物流管理专业健全实训室和实训教学设备可参考 2019 年教育部印发的《高等职业学校现代物流管理专业实训教学条件建设标准》。2020 年人力资源和社会保障部结合我国当前物流职业岗位分布情况及技能需求，紧贴物流相关行业和技

术水平未来发展要求，颁布了物流服务师、供应链管理师的国家职业技能标准。对物流从业人员理论知识和技能要求提出的综合性水平规定，是开展物流职业教育培训和人才技能鉴定评价的基本依据，对促进物流从业人员素质提升、物流产业升级和行业发展的影响深远。

三是坚持遵循规律，体现物流管理的培养特色。遵循职业教育、物流技术技能人才成长和大学生身心发展规律，处理好公共基础课程与专业课程、理论教学与实践教学、学历证书与技能证书之间的关系，整体设计教学活动。

四是坚持完善机制，推动持续改进。紧跟物流产业发展趋势和物流行业人才需求，建立健全物流行业企业、"1+X"证书培训评价组织、物流协会、开设物流相关专业的兄弟院校等多方参与的专业人才培养方案动态调整机制，强化教师参与教学和课程改革的效果评价与激励，做好人才培养质量评价与反馈。

（二）契合地区经济发展需要

坚持遵循规律，体现地区培养特色，将人才培养与推动地区经济发展、服务国家战略相结合。根据当地经济发展需要，结合职业技能等级标准和专业教学标准，制定适合区域经济发展需要，同时兼具针对性和一般性的人才培养标准。

（三）聚焦"岗课赛证"融通

2021年全国职业教育大会明确指出，推动"岗课赛证融通"综合育人，提高教育质量。这要求高职院校探索"岗课赛证"相互融合，把住"1+X"证书制度质量关，充分利用行业龙头企业在专业人才培养和评价方面的成熟标准，结合自身实际，充实、改造、提升相应课程和专业。

二、高职现代物流管理专业人才培养方案改革措施

（一）扎实开展前期调研工作

1. 网络调研

以"物流管理""1+X""人才培养"等为关键字在中国知网、万方数据库、维普数据库进行检索，了解人才培养最新的改革模式及研究成果，归纳、提炼、整理相关理论。同时，查询物流行业网站、就业网站、教育部网站、省教育厅网站、兄弟院校网站等，收集物流行业发展动态、用人岗位需求、职业能力要求及

兄弟院校现代物流管理专业人才培养等方面的信息，归纳、提炼、整理相关数据，应用到人才培养方案修订中。

2. 实地调研

调研对象为相关政府部门如商务厅、商务局、人民政府物流与口岸办公室等，以及物流公司业务部门负责人、人力资源部经理、典型工作岗位负责人、毕业生、兄弟院校专业负责人等。深入了解兄弟院校、行业、企业的观点和典型做法及建议，分析典型工作任务及职业能力，为修订现代物流管理专业人才培养方案提供参考依据。

3. 问卷调研

针对在校生和毕业生采用问卷调研，从课程课时安排、课程设置、教学方式、师资团队、课程思政实施、教学情况、毕业生发展情况等方面进行问卷设计，开展调研。通过多层次和多维度的现代物流管理专业调研，形成具有借鉴意义的调研报告，并根据调研掌握的物流行业发展趋势、物流企业新技术和管理模式及对人才的新要求，适时调整人才培养方案。根据调研报告调整人才培养方案，并邀请物流企业代表、物流行业专家参与，充分听取专家的意见，合理采纳其建议，保证所修订的专业人才培养方案紧跟物流行业发展需求。

同时，建立毕业生跟踪反馈机制及社会评价机制，并对生源情况、在校生学业水平、毕业生就业情况等进行分析，定期评价人才培养质量和培养目标的达成情况。专业带头人要定期组织教研组成员充分利用评价分析结果，针对教学模式、人才培养目标、课程标准、课程体系、课程内容、教学方法等方面进行研讨与调整，有效改进专业教学效果，持续提高人才培养质量。

（二）服务地区发展战略

以现代物流管理专业人才培养为例，高职院校必须积极创新、勇于担当，人才培养方案要立足地区发展，使人才服务于国家综合交通枢纽、国家综合物流枢纽，高职院校可对重要的政府部门、企业开展调研，并加以实践，以实现人才培养质量提高、服务区域发展能力增强。

（三）深化"岗课赛证"融通

将加减法和接口法并用重构课程体系，对现代物流管理专业课程标准的部分内容，根据 X 证书的学习培训要求进行增减，对于部分需要补充学习的课程另安排一到两个模块单独开展授课培训。

以课程改革为核心，以典型工作项目为载体，以行业认证、技能竞赛的能力和素养要求为目标整合教学内容，将技能竞赛、"1+X"证书等职业证书、岗位实践全面纳入课程评价。保持以赛促教、以赛促研、以赛促学的理念，对接国赛和行业企业标准，全面开展"岗课赛证"融通实践改革。

第二节　高职现代物流管理专业人才培养优化策略

一、明确现代物流管理专业人才培养目标

高职院校建设的初衷就是为社会输送高质量专业人才，通常以就业为导向设置教学计划，基本上是以社会人才需求设计课程，尤其对于现代物流管理专业而言，牵涉到的范围较广，需要高职院校立足岗位需求明确现代物流管理专业人才培养目标，确保后期设计人才培养模式时能够结合教学目标有序实施。近些年随着经济发展速度的加快，现代物流管理行业企业数量激增，部分龙头企业发展规模不断扩大，增加了多种服务类型。在新时期，现代物流管理专业人才既需要具备完善的知识体系，还要熟知物流管理工作流程，能够运用信息技术进行物流管理。再加上这些年物流管理覆盖面较广，涉及的事务较多，需要现代物流管理专业人才同时掌握金融和法律方面的知识，这样学生在毕业后才能有效适应相关岗位。因此，高职院校在制定人才培养目标时，应深入市场调研人才需求情况，分析相关领域对人才技能和职业素养的具体要求，保障制定的人才培养目标符合物流管理企业的人才需求，切实提高人才培养模式的可行性。

二、创新现代物流管理专业人才培养方式

以往高职院校开展现代物流管理专业教学时，通常会将大量教学时间用来讲解理论知识，教师习惯利用口述的方式给学生讲述教材内容，虽然这种教学方式可以帮助学生了解现代物流管理专业，但是学生无法准确理解不同知识点的应用方式，导致课堂教学与现实生活脱轨。因此，为了提升高职现代物流管理专业人才培养质量，就要积极创新人才培养方式。教师需要改变应试教育教学缺陷，将

学生放到课堂教学中心位置，根据学生的学习能力设计多种教学方式，将小组合作学习、探究式学习和情境教学等引入课堂，为学生开辟自主探索实践的路径，确保全体学生在探索理论知识的过程中能够有序培养学习能力和人际沟通能力，促进学生的全面发展。

例如，在讲到"采购与供应方式"时，教师可以根据教学内容在网络上挑选相关案例，将其以视频形式下载下来，然后利用多媒体播放视频，使得学生在观看视频时能够对现场环境进行直观了解，加深学生对这节内容的理解程度。在视频播放结束后，教师可以询问学生目前案例中物流采购与供应方式有哪些、在采购与供应中应注意哪些问题等。当教师将问题设计完毕后，可以将学生分成多个小组，为学生留有自主交流时间，要求学生通过合作学习的方式共同探讨问题，在所属小组中发表自身对视频案例的看法，使得学生在解决问题的过程中能够有序培养人际交往能力和探索学习能力。在学生将问题处理结束时，教师可以让每个小组推荐一名组员回答问题，如果学生出现问题回答错误情况时，教师应指出其存在的问题，并结合视频播放案例为学生详细讲解这节知识点，促使学生在掌握理论知识的同时积累工作经验，为今后就业打下良好基础。

三、突出现代物流管理专业人才培养特色

课程体系改革是实现现代物流管理专业人才特色培养模式的重要载体和途径。当下，多元化的教学模式已经成为教学的重要内容，对于好奇心强、渴望学习的学生，长期运用一种教学模式难免会让其产生厌烦抵触情绪，所以采取专业人才特色培养模式就显得尤为重要，同时也是实现人才特色培养的难点和重点。

结合现代物流管理专业实施人才特色培养模式主要途径有三。第一，完善公共基础课体系。公共基础课是锻炼学生逻辑思维能力、沟通能力等技巧的非专业课程，在此基础上，学生还要熟练掌握办公软件等一些基础软件的应用。第二，完善职业证书体系。国家职业证书是对一个学生技能的肯定，拥有一种或多种职业证书可以在毕业后有一个更好的竞争基础。当下，国家对于现代物流管理专业有很多的职业证书，学校应制定相应的奖励制度积极支持学生对国家职业证书的获得。第三，完善专业课程体系。专业课程体系作为高职院校繁多学科的重中之重，是一个学生能够立身社会的根本。在学习专业课程的同时，学校要以学生为主体，针对不同学生安排顶岗实习的机会。通过具体的实习操作，学生能够更熟练地掌握专业理论知识，为日后胜任工作岗位做好准备。

四、培养现代物流管理专业人才的实践能力

在物流管理人才的培养方面，高职院校起着至关重要的作用。根据对我国现代物流管理专业的现状研究来看，虽然对于现代物流管理专业人才的培养，高职院校已取得一定的进步与成就，但是，高职院校中培养出来的现代物流管理专业人才不能很好地与社会物流管理行业相融合，跟不上物流管理行业的快速发展，一些学生的能力没有达到可以独立承担工作任务的要求，与企业所需人才具有一定的差距。所以，就该情况而言，高职院校目前的首要任务就是提高学校内现代物流管理专业人才的能力，提高学生的实践能力，实现理论与实践的结合。

（一）采用突出实践能力的课程结构

将课程细化为基础平台课程（"货物学""物流基础""会计学基础""仓储实务""物流设施与设备""物流信息技术""运输实务""物流营销实务""专业综合补习"）与专业方向课程（"配送实务""连锁经营管理""仓储与配送方向实训"）两个部分，使得教师授课、学生学习的针对性大大提升，有利于学生物流实践能力的提升。此外，"就业与创业指导""叉车作业"等选修课程对于高职现代物流管理专业学生职业能力的提升也有所帮助。

（二）加强现代物流管理专业实训平台的开发

1.实训平台搭建的原则

物流管理实训平台的设计理念来源于大型制造企业生产线的精益制造管理思想。实训平台是智能车间的一个缩影，以物联网技术为支撑，将生产车间所有"物"，包括工作人员、生产设备、物流设施设备、环境监控设备等集中一体化管理，接入局域网统一监控，在保证各设备功能独立运行的同时，亦可根据制造需求联动运行，达到生产车间及仓储物流的精益化、标准化、规范化、科学化、效能化、一体化智能管理，最大限度地提高生产及物流管理效率。通过管理系统结合智能料仓、条码扫描枪、RFID系统、智能工具箱等外设实现对订单、计划、转库、采购、入库、出库、生产、配送等一系列闭环管理，同时将这些作业过程完整地记录在系统数据库中，实现全面管理。平台使用主要面向精益生产管理、制造企业员工，以及智能制造、物流相关专业的学习者。

2.实训平台的设计目标

智能制造整体解决方案以建立准时化生产线为目标，以工艺设计输出深度结构化、数字化为基础，使用信息化手段固化管理流程，驱动生产、采集数据、智能校验、全员协作，建立策划层与执行层之间的双向信息交互通道。

横向实现企业生产信息透明化、管理信息一体化，纵向为项目成本管理、质量管理、进度管理提供过程管控与数据支撑。因此，项目平台必须实现如下目标。

（1）搭建人机协同物流环境

通过信息化的设备模拟制造产线物流运行的全过程场景。业务流程是在智能制造大环境下，使用碎片化、数字化、信息化的手段将生产作业所需的"人、机、料、法、环、测"以准时制的形式推送给现场作业人员，系统融合成熟的传感技术，全面感知作业现场，建立与现实同步的虚拟世界，系统指挥控制现场作业，实现生产作业的驱动。通过软硬件操作，形成智能制造时代下的人机协同的物流雏形。

（2）智能化模拟产线物流

平台中实操过程完全模拟智能制造产线物流过程，从订单录入、物料BOM清单、物料采购、备料、出入库、配送、生产、包装等全过程对产线物流实际运作状态进行全过程模拟。例如，备料环节系统将自动比对实际库存情况和物料BOM清单，从而反馈出备料缺件，而作业人员只需关注缺件清单，从而做出转库还是采购的决定，在完成所有备料工作后，确保产线的正常开工。

（3）操作过程智能化、碎片化

工业4.0带来了"物联网"的概念，智能制造实训平台融入了物联网技术应用，在物料的存储、出入库、齐套扫描、生产制造等环节，大量应用了RFID射频系统、电子拣选标签、条形码等承载信息的智能硬件，应用场景主要在收料、上架、拣选、齐套、配送、生产环节等。此外，还应用了AI人脸识别、自动化传输线、智能检测、智能工具箱、智能料箱等新时代智能硬件。在生产及物流各个环节都是围绕着BOM清单，每一个环节只是碎片式的一次操作，系统能够智能化自行比对、运算，快速获取物料缺口数据、生产线备料状态等信息。

第三节　产教融合背景下高职现代物流管理专业人才培养优化策略

一、政府层面

（一）制定激励制度

制定高级物流工程师的养老制度，营造尊重劳动、崇尚技能的良好社会氛围，切实提高其社会经济地位、退休安置等福利待遇问题。

对具有"双师型"师资的高校、培养单位和提供实习岗位的企业，实行直接补贴政策，引导和支持企业积极参与高校人才实践能力的培养和发展，激发企业提升专业人员技能水平的积极性。

鼓励企业设置岗位晋升制度，消除技能人才发展的天花板，对已具备专业职业资格的技术人才，不论年龄或工龄同样享有公平的晋升、评优和涨薪机会。

（二）优化审批程序

为产教融合培养人才项目的申请，提供方便、快捷、精准的审批流程服务。对为学生提供实习岗位、允许高校专业教师共同参与项目、选送企业导师进校参与教学活动等的企业，实施税收优惠政策，给予适当的财政补贴。

政府在产教融合培养人才过程中起着举足轻重的"桥梁"和"推手"作用，要在促进高校和企业在共同培养符合市场需求的高质量专业人才上，达成人才共建、平台资源共享协议，全力培养一批批真正符合市场要求的"高、精、专"的优秀人才，为服务地方经济和社会发展贡献力量，实现多赢局面。

（三）举办现代物流管理专业赛事活动

由政府牵头，联合行业协会，促使企业和高校合力举办现代物流管理专业赛事活动。政府提供荣誉证书，企业提供资金、实践场地和企业师傅评审，高校提供参赛学生、场地和专业教师指导，激发企业、高校、教师和学生的积极性，使学生增长见识，提高学生专业技术水平和创新能力。

（四）强化政策支撑作用

1.构建完善的法律体系

加强对法律法规等政策性文件变迁的认识，是提高和改善物流管理教育质量的唯一途径。在依法治国、依法治校不断强化的背景下，以法律途径推进职业教育、深化产教融合已经成为急需解决的问题。在新版职业教育法尚未出台的情况下，可以尝试以地方立法的形式对职业教育的个别领域进行探索，出台试行对职业教育利益关系调整，尤其是涉及产教融合层面规范校企双方权责的法律法规，对职业教育立法开路。在印发校企合作办法的基础上，应当建立"1+X"政策体系，即针对"双师型"教师、校企合作等内容进行细化，例如，明确对企业的奖惩，尤其是对在产教融合方面积极的物流企业明确奖励措施，对学生实习的薪资、人身安全等应当予以保障。

2.强化主管部门服务能力

在职业教育发展中政府具有宏观调控的能力，教育行政部门则是政策执行者。在我国现行体制下，政府对于职业教育的治理能力与治理方法决定了职业教育的发展方向，因此必须在法规、政策上对物流管理方面的职业教育进行细化规定。在学校发展上，教育主管部门应当加强对区域专业的规划和指导，引导高职院校在专业设置上与地方物流产业相适应，根据经济社会的发展对现代物流管理专业进行超前布局。

3.加快明晰政校企三方权责

产教融合表面上是政、校、企的三方联动，其深层则是市场和政府的双方博弈。因此在推进产教融合过程中，政、校、企三方应当作为平等主体订立契约，以契约的形式明确各方的权责。通过明确政府的权力和责任，防止政府的"越位"和"缺位"。同时，明确学校和企业的权责，有利于校企向政府争取正当合法权益，也有利于政府监督校企合作的实效，及时进行引导和约束，实现三方的良性互动。

（五）提高资金筹措水平

1.建立合理的财政投入增长机制

在当前的发展现状下，财政投入仍是支撑职业教育发展的绝对力量，在职业教育发展过程中，应该适当考虑职业教育发展中投入长期不足的历史原因，在财政投入上予以倾斜。同时，可以通过以奖代补等形式，设立高职物流管理教育发展专项奖励资金，以鼓励学校特色化办学，形成良性竞争。

2. 深化混合制的改革

《国务院关于加快发展现代职业教育的决定》文件鼓励开展社会力量兴办职业教育试点，"探索发展股份制、混合所有制职业院校，允许以资本、知识、技术、管理等要素参与办学并享有相应权利"。当前在职业教育中应该积极进行探索，对公办学校以场地、师资、智力服务等资源与社会资本合作进行联合办学给予积极的支持和鼓励，吸引社会资本进入高职物流管理教育领域，减轻政府财政单一投入的压力。

3. 拓宽多元筹资渠道

社会捐赠一直是教育资金筹措的重要通道，当前社会捐赠主要集中在高等教育领域和义务教育领域，高职院校在过去的一段时间里很难收到大额度的社会捐赠。政府在制定地方政策时，可以对捐赠高职院校的权利义务及具体优惠政策进行规定，给予捐赠人一定的社会荣誉。

（六）增强企业参与意愿

企业的参与是职业教育能够取得成功的关键环节，最具典型代表意义的就是德国的"双元制"，在职业教育发展历史上具有非常重要的地位和十分重大的影响力。通过"双元制"实现了企业的深度介入，促进了青年失业率降低和高技术水平的劳动力增加，通过物流管理人才的技能提升来助推产业转型升级，这也是德国企业特别是制造业在国际上拥有强大竞争力的重要原因。企业需要开展营利活动以维持自身生存，因此功利性是企业的天然属性，而培养物流管理人才作为高职院校的职责，具有公益性。因此，需要寻找到双方的利益共同点，特别是面对"学校热、企业冷"的现状应当适度让渡一部分利益给企业，激发企业的积极性，推动产教融合深入发展。

1. 强化支持力度

学校与企业双方达成利益契合点是实现产教融合的核心点，企业利益表现为多方面的诉求，但经济利益始终是企业最关注、最能接受的。政府要加快建立企业利润替代补偿机制，落实产教融合型企业认证制度建设，在国家制度的总体安排框架下，建立健全省、市、县认定体系，完善产教融合型企业认证标准，对认定的企业要积极给予宣传和鼓励，在社会上产生良好的导向作用。

2. 推动企业参与办学

通过政策性补贴、税收优惠、融资支持、教育费附加费减免等多种手段，引导民营企业参与职业教育。企业在办学过程中能及时将生产端的需求反馈至供给端，主导学校按照企业需求培养物流管理人才。政府要加大对优质教育品牌民办学校土地划拨或出让使用费的优惠力度，在规划允许的情况下，将新建校舍或公办闲置校舍交由优质教育品牌民办学校办学。

3. 推进产业结构升级

通过加快淘汰落后产能，推进区域产业结构升级，尤其要加快实体经济从劳动密集型向技术密集型转变，扩大企业对技术人才的需求，以人力资源的稀缺性吸引企业参与产教融合项目。同时，在产教融合中，通过合作科研的方式，借助学校的力量推动技术革新；企业员工的定期培训也可以纳入产教融合中。

二、企业层面

（一）正确的认知

通常公司管理者会认为人才培养是学校的工作，对高校输送的人才要求是可以直接使用、创造价值的。企业需要转变观念，重新认识人才培养工作是需要企业和高校共同努力进行的。

为解决企业和学校人才供需矛盾，提高双方人才供需的精准度，根据企业岗位对物流管理人才的实际要求，积极主动与高校合作，参与人才培养和管理过程，对现有的培养计划、课程体系、教学过程和实践环节进行优化。

著名企业家董明珠曾说："企业家的一个最重要的责任就是培养人才并坚持自主培养人才。"在激烈的竞争中，企业为了能长远稳定发展，培养和留住核心专业人才，是提高企业竞争力的必经之路。

及时更新岗位晋升制度并提供岗位培训学习，将物流人才质量评价指标体系运用到实际工作中，进行定期和不定期的考核和评估，激励现代物流管理专业人才追求精益求精，培养工匠精神和创新精神。

（二）建立师傅团队

1. 成立企业高级物流工程师队伍

依据企业已有的岗位晋升和评价考核制度，组建属于企业的高级物流工程师队伍，提高其福利待遇，增强他们的认同感、归属感和主人翁意识；鼓励他们"传帮带"，为企业培养更多的专业能手和接班人，继续学习并取得相应的职业资格证书，利用专业技术优势，改进、创新物流新技术，为公司发展更上一个台阶共同努力。

2. 甄选企业导师

在企业高级物流工程师队伍中，甄选出既具有高超的专业经验又具有讲授表达能力的高级物流工程师作为企业师傅，定期到高校进行专业技能面授指导工作，成为高校聘请的校外导师。

3."百优计划"

联合企业师傅和高校专业教师进行"百优计划"人才培养工程，鼓励企业师傅、企业导师为企业培养和留住优秀人才，不仅要奖励师傅/导师，还要对成功成才者予以奖励，调动高级物流工程师们及员工/新人成才的积极性。

（三）提供实训基地

借助公司已有各物流岗位、设备等资源供学员实习或顶岗参与公司项目任务，在此过程中评估、选拔、留住人才，为企业长期稳定发展培养专属人才，提高企业核心竞争力。

（四）组织专人对接

企业要转变观念，要把物流管理人才培养当成自己的社会责任来看待，对学生到企业实习实训要抱有欢迎的态度，学生在岗期间企业要给予指导和帮助，以企业方的角度为学生分析目前就业形势，协助学生进行职业规划，向学生传递企业文化价值观念，引导学生积极融入职场生活。与此同时，深入学校开展产教融合，不仅要积极收纳学校学生到企业实习，也要派驻优秀员工代表到学校协助指导教学，特别是要参与到学校的物流管理人才培养方案调整、课程设置等教学指向性工作中，多提供行业用人标准和行业未来走势，给在校教师提供信息参考。

企业要将产教融合纳入日常运作的常规项目，组织专人对接学校的产教融合工作，要有完整的计划实施方案和预期效果评估机制。企业还应该从自身的行业嗅觉出发，关注本地区的经济发展情况，特别是物流方面的相关产业，同时在相应的刚需方面寻求跟学校开展产教融合的契合点，为地区物流管理教育出力，积极参与到产教融合中。

（五）推进顶层融合

企业在制定自身的人力开发模式和产教融合业务项目时，可以将高职院校作为自己的一个"部门"，一个可嵌入式资源，这个思维也可以应用在高职院校制定物流管理人才培养方案上。双方互为资源，互为"部门"，共同开发，共同获利。

企业要将"共享经济"思维带到产教融合中，不只是为了短期的科研技术需求或者用人需求。企业在进行产教融合的顶层设计时要用商业模式进行，并从顶层思维上考虑怎么进行产教融合可以更好地支持商业模式。

企业参与了一所学校的一个专业产教融合，意味着可以把这种模式扩展到这个学校的所有专业。企业参与了一所学校的产教融合物流管理人才培养，意味着可以在依托高职院校的"资源共享平台"，与参与了该校产教融合物流管理人才培养的有关企业方有交流、合作的可能。

三、高校层面

高校以质量求生存、靠创新求发展，进行教学方法改革、深入内涵建设的关键在于师资队伍的建设。

（一）校领导方面

1. 加强校园文化建设和课程思政建设

现代物流管理专业社团是现代物流管理专业教学的有效延伸。物流行业近年发展迅速，新兴的物流业态不断出现，作为现代物流管理专业课堂的有效补充，现代物流管理专业社团已成为传播物流行业发展趋势、培养学生职业素养的最好途径。因此，现代物流管理专业应对接物流行业的发展与企业的实际需求，开发出更适合学生的社团活动，推动现代物流管理专业群建设，更好地服务地方产业。社团活动应以专业核心课、物流关键岗位技能为参考来开展。现代物流管理专业社团指导老师应对接物流企业，根据企业的关键岗位特点设立社团活动。

课程思政是指将现代物流管理专业课程和思想政治教育同步进行，以"立德树人"为教学的根本任务。在专业核心课的教授过程中，通过分析社会物流的宏观环境，让学生了解我国的国家物流战略。通过分析中国物流业的发展现状和未来预测，让学生感受到我国在世界经济发展中的重要地位，增加学生的职业自信和对职业发展的期望。

2. 鼓励学生开展创新创业实践

随着就业压力的增大，创业已成为大学生众多就业选择中的一种，学校应鼓励学生开展多样化的创新创业活动，如职业生涯规划比赛、创业沙龙、校级创新实践比赛项目等，通过丰富的活动锻炼学生的创新能力，在具备创新能力的基础上发展创业能力。在课程的设置上增设职业生涯规划课程和创业计划课程，让学生组成课题小组，将校外合作企业和校内实训基地作为孵化平台，打造出可供学生创业的项目。

3. 优化师资队伍结构

学校要加大投资力度，加强教师的专业培训，不定期送教师去国内外知名高校或知名企业访学考查，交流经验。

高职院校可以选送专业教师到国内知名对口企业，积极参与具体项目任务合作，形成定期的专业教师实践计划，使原本就具有丰富理论知识的专业教师，更具备过硬的实践教学能力，提高专业教师的综合能力。

高职院校要从合作企业高薪聘请师傅作为学校的校外导师，共同承担实践教学任务和专业项目科研创新工作。

高职院校要积极主动与企业建立合作培养专业人才的关系，不断优化师资队伍结构，实现教师队伍的资源共享、优势互补，争取通过工学结合的实践教学模式，提高人才培养质量。

4. 开展集团化办学

职业教育集团化是实现教育资源整合、社会力量集合的有效手段。当前高职教育在集团化发展的路上已经行走了一段时间，也积累了很多典型经验和案例，在下一步的集团化中应该有以下几方面的突破。

一是实现紧密的教学联盟。高职院校可以通过共同组织教学、同步备案、同步研学的方式强化物流管理学科，通过教师共享的模式来解决教学编制，以设立实习教师专用编制。

二是实现广泛的合作联盟。当前的集团化还仅限于纵向的校与校之间，横向的集团化构建还大有可为。在集团化中可以将高级中学纳入其中，突出选拔职业技能人才的"种子选手"，借助"普职融通"政策，将普通中学纳入，强化物流管理人才培养互动。在中高职一体化的背景下，也应当将当地中职院校纳入集团，借助中职院校的优秀资源开展教师培训、课题研究和成果转化，借用高职院校资源开展实践课程，提前实现教育教学衔接。

三是实现学分互认。各成员校之间搭建统一的学生管理平台，实现学生学分相互承认，以鼓励学有余力的学生学习第二专业，促进多元化发展。

四是建立现代化的管理系统。举例来讲，一些集团校内部实行的还是传统的学校党政班子负责制，由于各个学校、单位班子领导不同，在一定程度上造成了各自为政的局面。高职院校应当探索集团一体化，仿照现代企业管理模式，将各个学校、单位作为股东，成立股东大会，组建董事会、监事会，赋予集团管理层一定的人事权、财政权，以集团为整体推进高职物流管理教育发展。

（二）现代物流管理专业教师方面

现代物流管理专业教师要转变观念，积极主动改进和创新教学手段，引导、培养学生自主学习和思考的能力。

教师要根据教学内容，结合学生的实际，灵活地选用多种教学方式进行教学设计，实施教学过程；依据企业经营管理各环节和对实践能力的应用培养要求，对现有教学内容进行重组和完善，优化教学模式、重构课程体系，选用合适教材。特别是要把握课程设计、实践项目、岗位实习、毕业设计等环节，与企业实际运营过程有效结合。

教学过程中，教师要以培养适应社会需求变化的高素质现代物流管理专业人才为目标，认识到培养学生综合素质能力是核心，进而不断地提高学生的实践和创造能力。

格力董事长、著名企业家董明珠说过："没有人才，一切归零；没有道德，人才归零。"因此，教师在抓专业理论知识和实践能力培养的同时，也要抓好学生的职业素养，通过将思政课程与各课程有效融合，做到教书、育人同步，在教学过程中潜移默化、润物无声地影响学生，确保人才培养目标在德、智、体、美、劳全方位与企业实际需求相匹配，为服务地方经济提供有力保障。

教师要引导学生激发自身的学习兴趣。兴趣是最好的老师，学生的学习动力才是实现物流管理人才培养的根本保障，因此在教育中应当赋予学生在专业、学制、方向、课程等方面的选择权利和确定权利，探索多样化的选择机制，让学生对学校的现代物流管理专业整体介绍、专业培养目标、人才规格、就业岗位、课程设置与要求、学习方式与方法有整体认识和亲身体验，在此过程中不断选择、发现、调整，最终找到适合自己的成长之路。

积极探索成长导师服务机制，建立选课指导中心、心灵导师工作室、职业生涯规划工作室等服务机构，为学生提供个性化服务，帮助学生认识自我，选择合适的专业、课程和方向，科学规划职业生涯，满足学生个性化发展需求。例如，绍兴柯桥区职教中心通过建立学生成长服务中心，组建了一支专业从事学生成长指导的导师队伍，为学生在职业认知、职业选择、职业生涯规划等方面提供指导服务，实现"指导有导师、服务有窗口"。

提升职业教育质量。在进行知识、技能培训的同时，加强对学生职业精神的培养，在学生日常规范培养中提高职业道德和职业精神教育的比重，提升学生的综合素养，引导学生树立良好的职业价值观和职业道德水准，夯实学生成长基础。

（三）现代物流管理专业学生方面

具备健康的身心、正确的三观，经过学校培养和教师的熏陶，努力提高自身文化素养和专业能力，培养吃苦耐劳、刻苦钻研和服务奉献意识；积极参与专业赛事活动，培养团队协作、沟通、应变能力和创新意识；在日常学习过程中，培养具备刻苦钻研、精益求精的企业家精神；争取获得相关的专业资格认证，学会深度学习、思考，保持终身学习状态。

第八章 "1+X"证书制度下高职现代物流管理专业建设

"1+X"证书制度是我国职业教育的重大改革与创新,实现了学历与职业技能的相互融合,为高职院校构建了新型的人才培养模式。本章分为"1+X"证书制度、"1+X"证书制度下高职现代物流管理专业学生职业能力培养、"1+X"证书制度下高职现代物流管理专业建设推进、"1+X"证书制度下高职现代物流管理专业"双师型"教师队伍建设四部分。

第一节 "1+X"证书制度

一、"1+X"证书制度的内涵价值

习近平总书记指出,职业教育要"坚持产教融合、校企合作,坚持工学结合、知行合一,引导社会各界特别是行业企业积极支持职业教育,努力建设中国特色职业教育体系"。职业教育"1+X"证书制度应运诞生,其基础为学分认定,核心是创新人才培养模式。其中的"1"为职业教育的学历证书;"X"为教育部职业技术教育中心研究所认定的相关职业资格证书;"+"不是简单的内部叠加,而是外部延伸,更是"1"与"X"的有机衔接,体现"X"对"1"的补充与拓展,知识与技能的逻辑累积。职业教育"1+X"证书制度主要探索人的感性认知与理性认知的基本规律。满足企业的应用型人才需求、学生的个体发展诉求、高职的培养目标要求,深入探讨校企合作高效模式,挖掘产教融合的微观元素,既要规避职业教育的普教化,又要防止职业教育的技能化,实现专业与岗位相融、课程与能力相配、知识与技术相通,形成校企合作的协同效应。在新业态、新技

术、新职业、新岗位的环境下，职业教育"1+X"证书制度的落地为我国产业结构转型培养了岗人相符的复合型应用型人才。该制度具有证书选择的灵活性、学习形态的丰富性、课程空间的宽阔性、产教融合的精准性、师资组合的有效性等特征。

二、"1+X"证书制度发展的现状

"1+X"证书制度本质上是基于学历证书所创设的一种多元化的等级证书制度。根据相关的实践调查研究可以看出，我国教育部门在近年来出台了诸多职业教育改革发展的制度条款，并且根据教学需求及发展需要确定了多个培训组织作为"1+X"证书制度的试点教育机构。这在一定程度上进一步明确了学生的主体地位，鼓励学生充分发挥自身的主观能动性，深入挖掘自身潜能，从而获得自身所需的技能等级证书，同时将专业知识与职业技能有机地整合起来，共同作为人才培养的主要目标任务。在此之后，越来越多的高职院校也积极参与到"1+X"证书制度的建设及研究过程中。众所周知，"1+X"证书制度能够帮助学生具备扎实的理论基础知识，同时有效夯实基础，不断提高自身的操作技能技巧，从而获得不同类别的职业证书，切实提升学生的核心竞争力，为其后期的有效就业发展夯实基础。现阶段，国外部分高校针对技能等级进行了有效的建设，制定出切实可行的职业技能证书考核机制，我国可以根据自身实际现状从中汲取成功经验，为社会输送更多的高素质、高水平的物流人才。

三、精准落实"1+X"证书制度的思路

（一）宏观维度

以社会需求为导向，以各地方政府出台的关于"1+X"证书制度实施意见为指导，嵌入专业认证思维，借鉴国外职业教育证书制度实施的经验，以人才培养方案的改革为切入点，以"三教"（教师、教材、教法）革新为重要依托，创新"1+X"证书制度的落实路径。

（二）中观维度

构建政、校、企广泛融合，书、证、课深度融通的"一体两翼"的中观思路。"一体"就是把职业教育人才培养的质量水平作为主体，以人才培养目标定

位为中心，把学历证书、职业资格证书以及专业核心课程的融通的基本要求作为衡量的基准，而将师资队伍、培育条件、课程体系作为重要的支撑。"两翼"就是以政府主管部门为引领，以"职业学校""行业企业"为二翼，二者形成高度合作、协调发展动力机制，促进"1+X"证书制度落地、落实。

（三）微观维度

以学分银行为载体，融通学历证书的课程体系与职业技能等级证书的培训体系，时间要素上推行弹性学制，空间要素上构建课堂教学、实训见习、替岗工作"三位一体"的职业教育人才培养的范式，形成泛时空的课证融通新时代人才培养的微观模式，促成学历证书与职业技能等级证书的等值化。

第二节 "1+X"证书制度下高职现代物流管理专业学生职业能力培养

一、基于产业需求开发物流管理人才技能标准和课程标准

采用访谈、调研等方法深入地对区域行业企业物流管理岗位类别、岗位职责等进行调研分析，制定现代物流管理专业人才技能标准，并具体细化为课程标准。同时，跟校企合作企业深度合作，制定现代物流管理专业人才所需的知识、素质和职业技能指标体系，明确人才培养标准，作为现代物流管理专业人才培养体系构建的依据。

二、基于"1+X"证书制度内涵重构培养方案和课程体系

（一）制定"产出导向"的人才培养方案

高职现代物流管理专业应以职业教育为目标，将职业教育贯穿人才培养全过程。基于"1+X"证书制度修订现代物流管理专业人才培养方案，要以培养学生专业综合技术技能为重心，充分体现专业性、实用性和多样性的要求。结合"1+X"证书制度，人才培养方案应真正做到教学与实践相结合，专业知识、能力培养及综合素质培养相结合，全面提高学生素质和能力等各项要求。为实现专业教学标准与职业技能等级标准的"零距离"对接，高职院校要以岗位实际需求

调研为依据，校企联合成立专业指导委员会，对现代物流管理专业人才培养的关键要素进行重新全面梳理，并采取科学精准的定位方式。

（二）打造"一体化"的课程体系

首先通过问卷调查、实地调研、专家访谈等方法全面调研以获得区域或行业物流管理典型岗位或者典型岗位群的需求信息，然后以调研所得需求信息作为依据，参照"1+X"证书制度，将学生职业技能和职业能力的培养作为主线，对标衔接现代物流管理专业教学标准和职业技能等级标准，从理实一体化的角度开发基于工作过程的专业理实一体课程和综合实践课程，改造升级基于工作过程的"岗课证融合"的现代物流管理专业课程体系。

三、"1+X"证书制度下人才培养模式的融合与优化

目前，针对"互联网＋"环境下的现代商贸流通产业，面对区域内产业链提质增效、升级需求，"新零售""智慧化"发展需求，只有构建服务于商贸流通产业链的智慧物流，以现代物流管理专业"1+X"证书制度试点工作为契机，将专业理论知识与产业生产深度融合，推动商贸流通产业链的发展，实现现代商贸流通产业的发展，才能够满足区域商贸流通产业特色和人才需求。

（一）人才培养目标

现代物流管理专业坚持立德树人、德技并修、工学结合的教育理念，培养具有良好职业素养、创新创业意识和可持续发展能力，掌握现代物流管理专业基础知识，具备仓配、智能规划、数据分析处理、贸易营销等专业知识，熟悉相关工作岗位的职业技能和工作标准，面向现代物流领域，能够从事物流企业、仓储配送中心、商贸流通等企业的相关岗位操作以及采购、销售、物流、供应链管理等基层管理工作的高素质管理人才。现代物流管理专业学生在校期间，均要考取物流管理职业技能等级证书（中级）。

（二）人才培养规格

按照商贸流通产业链的发展需求，对接现代物流行业的各个岗位任务和标准，同时对接现代物流管理专业"1+X"证书制度。由于高职现代物流管理专业的学生就业面向的岗位是物流经理、仓储主管、采购主管、运输管理、供应链管理，高职现代物流管理专业人才培养方案可将岗位群划分为物流经理、仓储主

管、采购主管、运输管理、供应链管理五个方向，并明确各个岗位的核心能力和核心课程。在人才培养规格中，突出物流产业的核心地位，满足商贸流通产业链发展需求。

（三）人才培养模式优化

高职现代物流管理专业人才培养方案坚持以服务区域经济为目标，围绕商贸物流产业转型升级、电子商务提质增效、数据资源规范共享、供应链协同创新等，积极与现代物流管理专业"1+X"证书制度相融合，探索形成以"1+X"证书制度为基础的人才培养模式。在"职业素养培养、学创能力提升"的人才培养模式下，学生的主要培养目标为职业素养和职业技能，重点培养目标为自主学习与创新创业的学创能力，通过公共基础课、专业基础课、专业核心课以及专业拓展课的学习，使其具备终身学习、独立思考、逻辑推理等能力。

随着信息科技的发展，物流行业不断涌现出新业态、新技术，结合岗位技能和人才需求的变化，要不断修订现代物流管理专业的人才培养方案、专业课程体系，而人才培养目标应突出新科技应用能力、逻辑推理能力、决策分析能力以及管理能力，培养具有现代服务意识、创新意识、学习意识、责任意识的复合型高端技术技能人才。

第三节 "1+X"证书制度下高职现代物流管理专业建设推进

一、"1+X"证书制度下高职现代物流管理专业建设推进意义

在"1+X"证书制度启动后，物流管理职业技能等级证书是第一批"1+X"证书之一，伴随现代技术手段在我国物流行业的广泛运用，当前已经形成了全新的物流产业链，市场的快速发展对物流人才提出了更高的要求，面对专业人才供不应求的现状，基于"1+X"证书制度的复合型物流人才培养成为必然趋势。在此背景下，必须着力推进高职现代物流管理专业的建设，才能满足人才的需求。

一方面，基于"1+X"证书制度的现代物流管理专业建设，能够为开展人才培养的各项工作奠定坚实基础。围绕物流职业技能等级证书标准，打造与之相匹配的专业课程体系，加强学生的核心能力培养，推动现代物流管理专业打造以职

业技能、等级证书为核心的专业课程体系，确立课程教学与人才培养的关键点，助力物流人才培养工作的贯彻落实。

另一方面，专业建设对于实现校企合作与产教融合的人才培养目标具有推动作用。当前我国许多高职院校已经实施产教融合，但整体成效并不显著，主要是由于产、教之间脱节。"1+X"证书制度为校企双方合作构建平台和桥梁，实现了专业教学内容与职业标准的准确衔接，将职业技能要求融入专业课程建设，在校企双方的通力合作下，共同推进现代物流管理专业人才培养。

二、"1+X"证书制度下高职现代物流管理专业建设推进路径

（一）树立正确专业建设理念

基于"1+X"证书制度，高职现代物流管理专业建设的过程中必须明确建设的基本理念与总体方向。立足国家职业教育改革实施方案确立指导思想，创新传统的职业教育思维模式与思想理念，探索专业建设的新方向，促进职教20条政策的有效实施，将实现学生就业作为总体目标，将产教融合作为发展道路，着力推动现代物流管理专业建设工作的开展，实现课证相互贯通。现代物流管理专业相比其他专业而言，实践性和专业性更强，学生毕业后的就业与发展方向更加明确。在智慧物流时代背景下，在人才培养的过程中，必须将专业与产业紧密融合，才能切实提高人才培养质量。

高职现代物流管理专业在推进"1+X"证书制度专业建设的过程中，应实现高校、政府、社会、行业、企业的五位一体化，共同着力建设现代物流管理专业，增强高职现代物流管理专业人才培养与行业、产业需求的契合性。其中，五位一体对接主要包括：第一，专业与产业、岗位、企业对接；第二，现代物流管理专业课程教学内容与职业技能标准对接；第三，物流管理教学过程与生产过程对接；第四，学历证书与职业资格证书对接；第五，职业教育与终身教育对接。

（二）建设课证融通课程体系

基于"1+X"证书制度的高职现代物流管理专业建设，是通过质量保障机制实现课证融通，促进学历教育与职业技能培训的有机结合。但是，并不是立足于高职现代物流管理专业现有课程的基础上增添技能培训，而是重新修订人才培养方案，加强课程体系的建设与补充。

一方面，要结合物流管理职业工作的具体过程，打造现代物流管理专业课程

与实践课程，将国内外物流行业标准作为课程建设的依据，充分了解物流技术现阶段的发展趋势，实现高职现代物流管理专业课程教学内容的有效补充。只有这样，才能更好地将学历教育衔接职业技能培训，保障高职现代物流管理专业的人才培养质量，且促进人才满足社会和企业的实际需求。

另一方面，在课程建设的过程中不能忽略宽口径的共享课程，这能够更好地发挥衔接作用，使课程能够与 X 证书内容更好衔接，继而实现高职现代物流管理专业学生的职业技能综合培训，为社会输送更多复合型物流人才。此外，要促进专业课程的模块化建设，结合物流行业、企业的人才需求，以及人才的职业生涯发展，打造具有独立性、针对性的模块化课程，并引进新型的教学方法，拓宽高职现代物流管理专业人才的职业能力培养路径。

（三）保障正常课程教学设施

教学设施要能够满足课程教学、实习实训的正常需要，它主要包括专业教室、实训室和实训基地。专业教室需要配备黑板或白板、计算机、投影音响设备、WiFi 环境等。实训室分为校内实训室和校外实训室。校内实训室包括仓储、配送、运输、物流软件及生产物流实训室等；校外实训室主要是校外实训基地，校外实训基地要满足仓储、运输、配送、物流营销、物流营运管理等实训活动。正常的教学设施是课证融通课程体系优化的硬件保障，对人才培养质量有着至关重要的影响。

（四）加强专业师资队伍建设

基于"1+X"证书制度的现代物流管理专业建设，要求高职院校打造高质量的师资团队，教师不仅要对"1+X"证书制度理念内涵与现实意义认知深刻，同时也要对物流管理职业技能等级的标准有充分了解，能够结合物流管理行业的最新发展趋势，促进教学内容中有机融入职业技能等级证书培训内容。在专业教学实施的过程中，教师可以采取工作培训式的教学方法，加强相关教材和教学资料研发。这些均对高职现代物流管理专业教师提出新挑战，教师要在做好教学设计和组织工作的同时，参与专业培训。

因此，高职院校在试行"1+X"证书制度的过程中，可以从以下几个维度构建专职、兼职相结合的专业师资队伍，提高专业建设与人才培养质量。第一，与职业技能等级培训的相关组织和机构进行合作和沟通，针对高职现代物流管理专业教师展开"1+X"证书培训，使广大专业教师对职业技能等级标准有充分了解，且能够结合证书考核的相关要求，对学生展开相关培训。第二，进一步推动校企合作，鼓励高职现代物流管理专业教师深入企业参与实践，了解当前物流行业的发展趋势，以及新技术、新工艺。第三，在高职院校内部组织各类培训，其中主要包含课程开发、专业课程教学方法、教学资源整合以及教学标准，切实增强现代物流管理专业教师的教学与培训能力。第四，注重兼职教师引进，形成十分健全和完善的兼职教师聘任与管理体系，按照相关规范贯彻开展各项管理工作，促进兼职教师掌握各类教学技能，能够积极参与高职现代物流管理专业的课程开发与专业建设，提高师资队伍的整体教学水平。第五，邀请职业技能等级证书的相关培训组织，参与高职现代物流管理专业人才培养方案的制定，共同推进专业建设。

（五）促进校企之间紧密联系

"1+X"证书制度下，高职现代物流管理专业建设与人才培养的两个主体分别为高职院校以及物流管理行业企业，需要增强校企之间的密切合作与联系，双方充分发挥各自优势，真正实现互惠共赢，这也是推进"1+X"证书制度执行的关键。

在开展校企合作的过程中，高职院校应邀请行业企业共同参与人才培养方案制定，并且为高职院校提供更加丰富的实习实训资源，更好地为现代物流管理专业人才培养开展相关社会培训。与此同时，作为高职现代物流管理专业教师，应积极参与第三方机构，充分了解物流职业技能等级证书的质量以及标准，继而获取更多的专业建设依据，增强现代物流管理专业建设的有效性。校企双方在开展合作的过程中，必须进一步明确各自的责任与义务，有效进行利益关系协调，才能更加积极地参与现代物流管理专业建设与人才培养。高职院校在针对现代物流管理专业学生进行学历教育以及职业培训的过程中，可以积极寻求企业帮助，聘请相关专业人员作为培训教师，这不仅能够使学生充分了解相关职业技能与知识，同时也能对物流管理工作岗位有更深入的认知和了解，使学生学习与就业灵活转换，明确物流管理工作岗位对人才的技能要求，继而获得更好的职业发展。

（六）推进课程教学方法改革

高职院校课证融通课程体系的教学方法一定要体现以学生为中心，推行课程、证书、岗位、竞赛一体化，倡导因材施教、因需施教，鼓励创新策略，采用理论和实际一体化教学、案例教学、项目教学等方法。专业核心课教学应聚焦合作企业实际——讲清理论，围绕典型岗位实例——练会技能，并延伸到同一类企业实际——举一反三，拓展到同一类岗位实例——触类旁通。

（七）完善专业建设配套制度

基于"1+X"证书制度，高职现代物流管理专业建设的过程中，需要高职院校内部与培训评价组织之间构建良好的合作关系，并且为该证书制度的有效实施营造良好的制度环境，才能保证制度实施的效果，所以必须进一步完善现代物流管理专业建设的相关配套制度。

其一，健全校企合作机制，针对相关的规章制度不断完善，其中应明确划分高职院校与行业企业之间的责任、权利与义务，在共同推进专业建设与人才培养的过程中严格执行并深化交流合作，依托社会参与，增强现代物流管理专业建设的开放性。

其二，充分发挥当地政府部门的引导与支撑作用，促使高职院校内部的组织管理结构更加健全，对各个组织部门的工作准则与规范加以界定，并且结合"1+X"证书制度的整体工作流程，制定切实可行的工作流程与机制，为该制度的实施提供有力保障。

（八）改进课程教学评价方式

对教学过程的评价直接影响教学质量。评价人员要有学校教师、学生，还要有企业的专家；内容上不仅要有知识、素养、技能的评价，而且还要有过程和结果的评价；方法上不仅要有职业性评价，而且还要有多主体、多元化的评价。

课证融通课程体系优化的教学实施是教学工作的一个重要环节。高职院校开设课程要与企业岗位标准对接，使高职院校人才培养目标和行业企业岗位标准相符合，紧跟行业发展方向；要根据企业的最新发展，为企业选拔具有各种技能的人才。

总之，随着物联网、人工智能、大数据、云计算等在物流领域的广泛应用，智慧物流应运而生，已成为物流产业的发展趋势，企业对物流从业人员的知识、技能、素质提出了新的要求。高职现代物流管理专业必须与产业转型升级相适应，精准把握企业工作岗位对人才的需求和变化趋势，使人才链与岗位链相互匹配。高职现代物流管理专业的课证融通课程体系优化必须以满足企业岗位需求为目标，以提高学生的岗位胜任力为中心，采用有效实用的教学方法，培养面向企业生产经营第一线的、具有良好职业能力及素养的复合型人才，保证高职人才培养供应与企业需求标准的高度一致性。"1+X"证书制度的实施，推动了专业课程教学和职业技能等级证书的统筹协同和紧密对接，使学生更加明确应当具备的知识和技能。理论和实践互动互促，全面提高学生的综合能力，为就业打下坚实基础。

（九）强化"一体两翼"的专业课程建设

以职业技能等级标准为基础对接专业教学标准，然后组织研究团队成员积极开展系统研究，将行业企业公认的物流职业标准典型、物流设备操作规范等全方位深度优化融合，同时在以培养目标为指导的基础上分析现有教学内容，并开发出模块化的技能课程以及综合性实践课程训练项目，采用典型物流仿真操作软件等最新物流技能技术仿真模拟系统，建设及优化在线开放课程网站，积极组织优秀课程实施和职业培训实践活动。

1.搭建"多层次、多形式"的实践教学体系

针对高职学生的基础素质培养和职业技能培养，以行业企业的实际需求作为培养导向的物流管理类专业人才培养培训模式，通过四层次——基础实践＋专业实践＋综合实践＋创新实践；多形式——课程内实践＋单独设置课程实践＋毕业论文；校内实验实训＋校外实验实训＋顶岗实习＋毕业实习来构成。基于校企合作搭建实践教学的体系，将学校教育与职业培训进行有效融合，将就业岗位需求与课程实践实习进行有效对接，运用学生的素质教育与学生技术技能培养并列并重的应用型的人才培养理念，保证学校在学科专业设置上与市场紧密对接，实现"多层次、多形式"的实践教学体系。课程内容与职业标准进行统一，并且进一步促进教学过程与企业生产过程有效结合，能有效地推动专业的产教融合进程。

2.改进学生考核体系和培养质量评价体系

（1）构建"双元化、N+2+1"的学生考核体系

基于"1+X"证书制度要求，强调学习者职业技能层次的评价，改变传统"唯纸笔"评价路径依赖，将职业资格证书考核引入评价过程，同时，应重视学习者过程性锻炼及获得的评价。一方面，由教学组织单位和合作企业共同制定学生考核体系，确定评价的主体、比重、评价中心和改善方案，按照"基础技能、专业技能、岗位技能"三个维度展开；另一方面，构建"N+2+1"考核体系以加强过程性考核，灵活考核方式，其中"N"为过程性考核要求，要求考核次数大

于等于 4、考核形式大于等于 2；"2"为考试和考查，根据能力要求和课程性质确定具体的形式；"1"为技能实操部分考核。

（2）构建"123 螺旋递进"的培养质量评价体系

为兼顾教学和实践的双重效果，充分发挥学生学习的积极性和主动性，优化教学过程，构建"123 螺旋递进"的培养质量评价体系。其中，"1"为一个质量评价目标，即以培养现代物流管理专业人才为核心，为企业培养真正可用、能用、管用的物流管理人才；"2"为两个质量保障，即保障教学质量和实践质量，在评价体系中，重点考核教学和实践；"3"为三个评价主体，学生、学校和企业形成"评价—改善—再评价—再改善"的循环评价制度。同时，应建立跟踪反馈机制，针对毕业生开展就业状况及满意度进行调查、对学校教学工作满意度进行调查，以及针对用人单位开展满意度调查，为"123 螺旋递进"的培养质量评价体系提供指导方向。

第四节 "1+X"证书制度下高职现代物流管理专业"双师型"教师队伍建设

一、"1+X"证书制度下高职教师队伍建设的目标

"1+X"证书制度的核心内容是 1 个学历证书和若干个技能证书的联合与互动，通过引入行业企业的需求、标准，强调通过模块化教学达到课证融通的效果，促进学校与企业、学历教育与非学历教育的有效沟通和协作。因此，"1+X"证书制度下高职院校教师队伍建设，要紧贴行业职业技能的发展要求，不断更新职业教育的理念、增强理实结合的能力、完备课证融通的本领，才能确保培养出符合要求的高素质职业人才。

（一）更新职业教育观念，引领职业教育改革发展

职教理念是教育主体在职业教育实践、思维活动及文化交流过程中所形成的理性认识、教育观念、哲学观点、价值取向与理想追求，是一种具有相对稳定性、延续性和指向性的观念体系。职教理念是教师角色和行为转变的前提与先导，所以高职教师只有不断史新职教理念，并落实到教学实践中，才能顺应现代

职业教育改革的要求，培养创新型的技术技能人才。"1+X"证书制度的实施不仅注重"一专多能"复合型人才培养目标的落实，而且坚持深化产教融合、校企合作，倡导终身学习理念，实现了学历证书与职业技能等级证书的互通衔接，促进了学历教育与职业培训的有机融合。因此，高职院校教师要积极涵养适应"1+X"证书制度的职教观念，不断提升自身的道德品质、职业认同感和可持续发展的意识，来应对"1+X"证书制度带来的人才培养模式、教学模式和评价模式的改革。

（二）增强理实结合能力，支撑技术技能人才培养

职业教育倡导"手脑并用"，注重培养学生的实践动手能力。鉴于此，教师必须具有高水平的职业技能和专业实践能力，具有真实可传递共享的项目开发实战经验。然而，教师参与企业实践目标不明确，不能充分掌握企业的岗位标准、工作程序和员工素质要求，导致了教学的盲目性。

此外，由于企业参与职业教育的内生动力不足，削弱了校企合作的深度，导致高职教师缺乏企业真实项目的实战经验，更接触不到企业中先进的生产技术和工艺流程。教学过程中理论知识传授较多，企业生产真正需要的技术技能传授不足，导致人才培养与岗位需求不相匹配。因此，"1+X"证书制度下高职院校教师要不断充实有关新技术、新规范、新模式的知识储备，积极参与企业的真实项目，对接岗位、对接任务、对接标准。

（三）完备课证融通本领，推动学习成果衔接互认

在"1+X"证书制度中，学历证书"1"是基础，若干职业技能等级证书"X"是"1"的补充、强化和拓展，两种证书的相互衔接和融通是"1+X"证书制度的精髓所在。课证融通契合了现代职业教育体系适应需求、有机衔接、多元立交的主要特点，给高职院校教师队伍发展带来了新的机遇。这也要求高职院校教师要具备以下几种能力。

1.把握标准的能力

教师要通过线上线下相结合的学习，确保学深、吃透职业技能证书等级标准，成长为职业技能等级证书的培训教师，为课证融通奠定基础。

2.育训结合的能力

教师要将标准融入课程教学活动，根据专业技能等级鉴定中有关知识目标、

技能目标以及行业规范的明确要求，重构课程内容体系，实现技能教育和等级培训的日常化、常态化。

3. 多元教学的能力

"1+X"证书制度下，教学的场所、过程、内容以及组织形式都在发生变化。因此，高职教师要不断提升多元教学的能力来应对这些新变化对现行教育教学模式的冲击。

二、"1+X"证书制度下高职"双师型"教师能力

（一）高职"双师型"教师的综合能力

1. 职业道德和专业能力

"双师型"教师必须有良好的行为举止、良好的师德和职业道德，注重教育，注重学生的成长，引导学生进入专业领域，维护学生良好的职业道德。

2. 组织协调能力和社会沟通能力

高职教育委员会面临着来自社会和企业的挑战，这就要求"双师型"教师具有较强的组织协调能力和社会沟通能力，为良好的人际交往和社会活动打下基础。

3. "双师型"教师教学能力

（1）教学设计能力

教师应根据自己的教学目标进行计划，调整典型的专业活动，对学生的专业能力进行整合、重构和调整，通过知识处理、课程设计、案例教学等方法，将理论与实践相结合，使学生在学习理论的同时获得相关的生产实践经验。

（2）课堂把控能力

教师应充分利用课堂培训的可能性，除了为学生提供讨论、观察、实验等活动外，教师还应实时介绍最新的科研成果和教学案例，营造课堂气氛。

（3）教育和沟通技巧

在教学过程中，师生经常围绕教学主题进行教学信息的交流和传递。课堂传达的知识不仅是课程的内容，而且也是相关的专业知识和技能，如沟通能力，这就要求教师充分发挥教育智慧，使学生掌握专业知识和技能。

（4）专业方向

基于高职教育的特殊性，教师必须提供一定的职业指导。因此，教师应加强

理论培训，掌握职业指导的知识和方法，通过课堂教学帮助学生了解相关行业的就业情况；通过实施职业培训来指导学生，提高学生的技能；通过能力竞赛等活动，将理论与实践相结合，使学生的专业技能与工作岗位要求相结合。

（二）高职"双师型"教师的专业能力

1.教育能力

"双师型"教师应在正确界定教育概念、掌握教育科学的基础上，积极学习职业教育理论，开展教育，要根据学生的个性和教学能力，创设生动有趣的教学环境，激发学生的学习兴趣，统一规划和实施培训项目，合理规划专业实践。

2.专业实践技能

高职教师应具备专业领域的技术实验和开发能力。实践证明，教师在公司工作三年以上，可以获得一定的专业技能、专业资格等，从而将教师的理论知识和实践技能转化为综合教学资格，培养学生掌握相关知识和技能的实践能力。

三、"1+X"证书制度下高职现代物流管理专业"双师型"教师队伍建设路径

（一）拓宽师资来源，优化师资结构

高职院校在人才招聘上，要面向国内外重点高校的现代物流管理专业开展人才引进工作，学历要求要在研究生以上，强调"科班出身"，或者专业的高度相关性，在招聘过程中要对竞聘者的专业理论知识和学习能力进行考核，确保其满足正常的教学要求。同时，在教学第一年度实施"人才培优"计划，即少安排教学任务，多安排教学观摩和实践锻炼，增强其教学综合能力。高职院校还要积极建立高职现代物流管理专业"人才库""专家库""大师库"，积极补充优质兼职师资，优化师资结构，注重聘请其他高职院校现代物流管理专业"双师型"教师到本校兼职，强化校际师资交流。

此外，在"1+X"证书制度下，高职院校要按照"补强短板"的原则，加大对物流管理企业具有丰富实践技能和经验的高级技术骨干到校担任实训教师的力度，确保学生熟悉物流管理相关工作流程，解决好"怎么做"的根本教学问题。

（二）确定教师培训目标，形成完善的培训体系

1. 培养青年教师

青年教师是高职院校的未来，因此，要从青年教师专业素质的培养入手，拓展青年教师培养的创新措施，促进高职教育的创新发展。一方面，对于青年教师应建立全面的岗前培训机制，在系统培训的基础上发展其基础教育能力；另一方面，鉴于高职教育的特殊性，有必要围绕青年教师建立企业培训机制，确保其教学技能与实践经验的有机结合。

2. 培训处于发展阶段的教师

对于处于发展阶段并具有一定教学经验的教师来说，他们正处于不断提高教学质量的重要阶段。因此，"双师型"教师发展的关键在于建立和完善内部和外部的培训机制。一方面，内部培训是在教育科研项目的基础上优化教育理念和教师教育水平的手段，应鼓励教师组建专业研究小组；另一方面，关于外部培训，高职院校还应通过组织方式积极与企业合作，在此基础上，使从事新产业技术的专业教师和技术人员进行探讨，从而营造和谐的产业交流氛围，促进培训。

第九章　高职现代物流管理专业教学模式

随着我国经济的发展，现代物流管理专业人才的市场需求越来越大。但是，就目前而言，现代物流管理专业的教学模式仍存在一些不足之处，需要我们进行深入研究。本章分为任务驱动教学模式的探索与应用、项目教学模式的探索与应用、混合式教学模式的探索与应用、工作过程导向教学模式的探索与应用、参与式教学模式的探索与应用五部分。

第一节　任务驱动教学模式的探索与应用

一、任务驱动教学模式概述

（一）任务及任务驱动教学模式的概念

以"任务"为教学中心，是任务驱动教学模式的理论基础和前提，把握好任务的内涵才能直观理解任务驱动教学模式。但是，不同领域、不同学术背景的科研人员对于任务的概念界定方式存在差异。"任务"在《现代汉语词典》中的解释为："指定担任的工作；指定担负的责任"。英国语言学家简·威利斯（Jane Willis）在1996年提出任务是学生有目的地向一个目标努力的活动，这种活动的结果可以是具体的和无形的，即"活动说"。李特尔·伍德（Little Wood）认为这种活动的目标可以是教师确定的，也可以由学生自己确定，完成的方式也可以多种多样，可以独立完成，也可以通过小组合作的方式完成；这类活动具有竞争性，也蕴含合作性。也有学者认为任务是一种具有教育目标和指向性的社会实践课堂交流与互动。在大量学者的研究中，对于任务的概念界定范围也在逐渐扩大。目前在课堂教学研究领域，对任务概念上的界定往往为：教师在课堂上，为了实现既定教学目标所进行的一种布置式教育活动。

"驱动"意为"驱使行动",即在某种作用力的驱使下采取行动。对"驱动"影响研究最深入的是奥苏贝尔,在他看来,作为一线教师必须了解学生的内驱力。认知内驱力是学习者对原有认知的一种真正的需求,是对知识的真正渴望。当学生利用原有认知很难解决当下问题时,就会产生对新认知的需求。比如兴趣、好奇等一系列内在感受都会引发学生产生认知内驱力,这一学习动机相对其他两种内驱力对学习者的影响是最稳定、最持久的。自我提高内驱力是学习者需要通过学习能力或工作能力获得相应地位的内驱力。"自然人"渐渐转化为"社会人",自我提高内驱力会随之产生。学习者想通过某些途径得到成就感,如考试成绩、作业完成和其他作业评估。附属内驱力一般是学习者为获得长者的赞许或认可而表现出来的内驱力。孩童时代以附属内驱力为主,但对于高中生,他们也有获得社会认同感的渴望。人们认识到认知内驱力是学习者的内在力量,而自我提高内驱力和附属内驱力则是学生的外在力量,教育者要在合理发动外在力量的同时激发学习者的内在力量。

教学模式广泛指应用于一定的特殊课程教学情况和学习环境,针对各种特殊教学课程目标、教学内容和相应课程要求实施的一种教学方法、范围或者按照课程要求实施的一种教学模型方案。它的建设目的主要是实现基础理论和实践应用相结合,实现两者之间的相互转化,是两者间的重要枢纽和桥梁。

任务驱动教学模式最早可以追溯到孔子所倡导的"学以致用"的教学思想。当下任务驱动教学模式的概念表述为:一种建立于构造主义教学理论之上的教学手段。它以实际任务活动为纽带,以自己的行动观察力作为思想导向,主张从做中学,广泛应用于实践性和操作性的课程教学中。其实施的主要方式之一就是创设出一个富有趣味性的情境,以一个任务对象为载体,把一个知识点贯穿其中,使得学生们在完成一个任务的过程中掌握基本的知识与技能。简而言之,这种课堂教学模式是以落实任务的方式为主要明线,以传授学生知识和专业技能的方式为主要暗线,提倡了教师的主导地位和学生的主体地位。

对于任务驱动教学模式,我国的教育学家们也有不同的见解。

韩亚珍认为任务驱动教学即在课堂教学中通过任务驱动学习的过程,使得学生能够积极主动地学习,有利于帮助学生养成主动学习的习惯。她明确地指出为了提高学生的自我求知愿望,就必须给学生一个获得成就感的时间和机会,让其在这个过程中能够形成一种良性循环,从而培养学生形成积极向上的学习态度。

李代勤将任务驱动教学模式的概念理解为:任务驱动是一种有效的、能够极大地扩展和丰富学生的知识面、能够将自己所学的知识与实践及时地结合在一起，并且可以有助于促进学科教学与现代信息技术相互整合的课堂教学模式。他明确地指出了这种任务驱动教学模式的最大优点之一就是能够尽可能多地消除学生进行学习的盲目性，在其运用中能够极大地提高学生的学习效率。

顾丽英、沈理明将任务驱动教学模式充分地运用到了导学案中，尝试使用导学案进行驱动课堂教学。他们认为任务驱动教学就是引导学生在前一天做好导学案的预习基础上，在老师的帮助和指导下，紧紧地围绕一个个循序渐进的教学任务，在强烈的课堂问题思维动机的支持和驱动下，进行自主学习和团队协同探究，完成预定的学习活动。

（二）任务驱动教学模式的特征

1. 以学生为主体

学生应该成为积极的知识体系建构者，而不是被动地接受的被知识灌输者，要真正实现以"以生为本"。任务驱动教学模式下，学科知识并非通过教师"满堂灌"，学生再加以背诵记忆得到，而是在推进学生任务的同时，使其感到满足，提高对学科的兴趣，从而获得学科知识。

2. 以任务为主线

一堂高效率的教学课需要绝大多数学生能够积极参与到课堂的活动中去，采用任务驱动教学模式实现高效率课堂的最重要的　点就是查看教师和学生的注意力能否被吸引进课堂。任务连接着不同的教学内容，是整个课堂教学活动的重点和主线。

3. 以教师为引领

教师是课堂活动的引导者。小组讨论、小组汇报、互相评价等环节的始终都由教师决定，课堂节奏由教师掌控，教师可以说是拥有课堂气氛的指挥棒、是学生在课堂参与度的责任者。

（1）节奏的指挥者

课堂节奏需要教师的调节。课堂节奏过快，一切教学活动就会流于形式，学生不能自如讨论，慌慌张张地上完一节课，学生却对课堂知识记忆不多；课堂节奏过慢，则纪律松散，学生们闲话家常，一节课下来连课程计划的一半都未能完成。过快或过慢的课堂节奏都不利于课程目标的实现，而教师就拥有适时调整课程节奏的指挥棒，当讨论环节拖沓，教师可以通过限时的方式加快活动节奏，当节奏过快，学生未能全方位考虑问题时，教师可以通过追问的方式点明细节，舒缓课堂节奏。恰当的课堂节奏既能完成教学任务，达到课程目标，还能提升学生的学习效率。

（2）活动的组织者

课堂上一切与学习相关的活动由教师组织。任务驱动教学模式下的课堂基本以小组活动为主，小组的人数、组员的职责、讨论的时长、表述的顺序等，都由教师组织调整。当课堂讨论话题偏离主题时，教师负责收紧活动时间，引导学生回归正题；当课堂气氛凝滞，学生不知从何开始时，教师负责抛出问题，激发讨论；当组员或各组之间意见相左时，教师负责协调观点，使讨论向更高水平进步。除小组讨论之外，还有班级辩论、角色扮演、小组汇报等活动都由教师协调组织。

（3）学习评价的指导者

任务驱动课堂的教学评价呈现多元化，不仅有组间评价、组内互评以及学生对课堂活动的反馈评价，而且还包括巩固练习环节对学生学习效果的检测。教师在评价过程中，首先，要为学生明确评价的维度，如组内互评中注重组间合作性、对小组成果的贡献等；其次，要明确评价的原则，引导学生公正、客观、真实地进行教学评价活动；最后，要指导学生有序开展组间评价、组内互评等活动，强调对学习能力的评价，维护学生在评价过程中的主体作用。

此外，教师还是课堂纪律的管理者和规则的缔造者，决定着课堂的纪律状况。

二、任务驱动教学模式的理论基础

（一）学习动机理论

学习动机作为一种推动学生顺利完成课堂学习的内在动力，能够起到激励、引导学生进行学习的作用。它与学生的兴趣、需求、期望等诸多因素有关，可分为学习者的内在动机和外在动机。

内在动机就是人类对于学习本身产生浓厚兴趣的一种动机，如学生渴望掌握知识、追求成功、追寻自身技术和才华的欲望。外在动机主要是外部激励所引起的各种行为，如获得奖励或者逃避处罚，具体地运用到学校教学中，体现为一种事业上的成就动机，即为追求实践活动的成功高标准地要求自己的动机，其核心理念就是尽最大的努力完成有难度的任务。

　　前文提到的认知内驱力就属于内在动机，表现为为了获得知识而学习。当学习者知道学习活动的目的和意义时，就能促进学习。任务驱动教学的意义就是通过一定的任务来获取知识，获取知识的目的是提高自己自主学习能力以及将已经有的知识应用到解决实际问题中的能力。

　　自我提高内驱力是指学习者把自己的学习成绩作为其地位和自尊的来源，为了有效避免自己学习失败的风险，学生将被迫参与学习。自我提高内驱力属于外在动机，这主要是由于一些学习者将自己的成就视为赢得地位、自尊感的一种根源。在这种任务驱动式的教学中，学生为了完成一项个人任务或者是在一个小组中的某一个角色，为了获得他人的认可和尊重，都会努力去完成这项任务，并在接下来的课堂学习中不断努力以确保自己的角色被选择且具有一定的意义。

　　附属内驱力是一个人希望自己得到长辈的表扬、认可而努力学习的外在动机。

　　因此，以上动机理论可以启发我们：创设不同知识层次的课堂情境设计，建立不同知识层次的课堂学习任务，满足每一位学生不同知识层次的课堂学习要求，从而培养和激发每一位学生的课堂学习动机；在实施各类任务的过程中，旨在为广大学生提供一系列的展示自我的途径和机会，从而培养和提高学生们的学习动机，激发他们的思维；当一个学生能够给出自己的答案时，我们应该及时地给予肯定或鼓励，以增强学生的兴趣和动机，且这种任务驱动式课堂教学中的评价手段和方式也需要更加多样化，教师们需要根据每一位学生自身的实际情况对其在学习活动中的表达方式进行评估，学生为了能够得到老师的好评就会一直努力学习。

（二）情景认知学习理论

　　情景认知学习理论强调以学习者为主体。该理论主张学生的认知要情景化，教学内容和教学组织形式要与人类具体的实践相联系，把认知和情感体验统合在一起。

　　情景认知学习理论认为学生学到的知识很多是"惰性知识"，具体而言，就是很多学生都是为了考试去学习知识的，在实际生活中或是未来社会实践中都不会运用。所以情景认知学习理论提出知识要具有社会性，提倡在日常生活中要促进对学习知识的应用，进而能够做到举一反三，让理论知识对实际生活起到更好的作用。知识不是独立存在的，它要依附在一定的介质中，赋予知识的灵动性。任务驱动教学模式以任务情景为线索，强调知识生活化。

（三）建构主义理论

根据建构主义理论，学生的基础知识不是通过学校和教师的课堂教学以及学生的被动回顾和记忆而获得的，而是在一定的时间和环境下，根据学生自己已有的基础知识和实践经验，通过建构活动获得的。它同时特别强调"以学生为主体、教师为主导"的整体学习管理模式，即在对意义进行整体建构的学习过程中，学生是意义的积极建构者，教师则起到帮助、促进的作用。

建构主义理论的一些基本观点主要包括以下几点。

1. 建构主义理论的知识观

建构主义理论认为，知识并非对客观世界的准确表现，也并非对问题的标准回应，只是某种现象的解释或者是假设，会随着现实生活中人们的更进一步地了解而发生改变。知识也并非无所不能，在解决某一问题的时候，就需要根据这个问题的实际具体情况来做好知识的再添置和重新创造。学习者会因为不同的工作、生活环境和现有的知识结构，对同一学科有不同的看法，从而导致不同的知识结构。

2. 建构主义理论的学习观

学习所要强调的并非一种教师在课堂上教授知识，学生被动地接受和理解信息的一种方式，而是一个以学生为核心自发地建立知识体系的一个过程。学生作为知识体系建构的对象和主体，是知识的掌握者。通过积极地从自身的经验中进行选择、加工和分析处理外部的信息，创造一个全新的知识体系，从而使每个学习者都能够拥有不同的知识和经验，即不同意义的建构。这就是要求我们在课堂教学中一定要注意创设一种生活化的教学任务情境，贴近生活、靠拢现实、靠拢学生，并且具有适当的难度，让我们的学生能够在完成教学任务的整个进程中主动地构建出自己的知识体系。

3. 建构主义理论的教学观

建构主义理论强调教师不是知识的推动者和中介，不能简单、粗略地填满知识，而是学生的帮手和伙伴。以学生原始知识和经验为基础，教师应帮助学生丰富和发展知识，并鼓励学生树立知识建构意识。在这种任务驱动教学模式中，老师们需要充分发挥主导作用，让每个学生都能够顺利地在完成任务、分享任务等过程中促进自身知识的改革和更新，最终实现自我学习、自我提升。

4.建构主义理论中的学习情境

建构主义理论认为，大多数学生的知识都是通过学习者在特殊的情况下，以及在别人的支持和帮助下获得的。因此，理想化的学习情境可以说包含四个方面：情景、合作、沟通和意义的建构。师生合作和生生合作对于搜集和分析学习材料、提供并验证假说、自我反馈学习过程、评估学习效益等具有很大的促进性。实际上，合作学习的过程就是一个互动的过程，每个学生的思维方式都是由整个合作学习团队共同组织和分享的，交流也是合作学习能力提升的基本途径。这种学习活动的终极目标就是对于意义的建构，即能够帮助学生更深入地了解学习的内容及其形成的本质、规律和内在联系。

从上述的角度来看，建构主义理论所强调的学习情境就是一个使得学生在其中发现知识的过程，使学生在特定情况下积极探索和建构自己所需要的知识。这与我们传统的以教师为核心的课堂教学观点截然不同，传统的课堂教学直接把所有的知识从老师们的头脑中都转移了出来，放在了学生们的笔记本上。

（四）"经验之塔"理论

美国著名教育科学研究员戴尔先生提出了"经验之塔"的教育理论，认为经验可以直接获得，也可以通过一些间接方式获取。他把这些实践和经验分成了三个大类（抽象、观测和经历）、十个层次。

位于这个经验之塔最底层的是经验人，这类人的经验最具体、实践性最强，越往上到塔顶，经验就越抽象。这也充分表明了教学实践结果是我们不断获取成功经验的重要依据。任务驱动教学模式让学生可以透过实际学习活动过程来快速生成更多的知识，并且得出结论，把科学理论与社会实际结合起来，在实际学习工作中不断认识社会，提升自己。

（五）"最近发展区"理论

在这种任务驱动式的教学中，不管我们是确定一个任务的困难程度，还是对于情境的创造都需要充分考虑学生的整体身心发展阶段及其认知能力的水平，即群体的最近发展区。苏联著名教育科学研究员维果茨基（Vygotsky）提出"最近发展区"理论，认为学生的个体发展应该划分为两种层次：一种是学生个体自身现有的发展水平；另一种是学生潜在的发展水平。现有的发展水平也就是说学生在能够独立地解决实际问题时已经达到了的水平，而潜在的发展水平泛指学生能够在成人的帮助下或通过课堂教学引导以后达到的知识和技能水平。两个可以解决的问题层面之间的差别便是"最近发展区"。此外,"最近发展区"理论倡导利用持续的知识强化活动和学习成果反馈促进学生潜能开发的教育理念,对教育领域也产生了很大的影响。

三、任务驱动教学模式在现代物流管理专业教学中的应用

(一)教学设计原则及基本流程

1.现代物流管理专业任务驱动教学模式下的教学设计原则

①设计既符合教学内容,又贴近实际的"任务",解决授课过程中缺乏实践应用的问题。"任务"是教学过程中的主线,要做到以课程内容为基准,突出重点和难点,同时必须考虑学生的兴趣和能力,把控"任务"的可行性与难易度。

②选择生动、有趣、灵活的教学方法,在教学活动中以学生为主体,教师只起到一定的引导、解惑、辅助作用。通过建立小组,采取案例式、辩论式、游戏式、角色扮演式、情境代入式等多种教学方法促进学生之间的交流、讨论和协作,使学生成为教学的中心。

③营造轻松愉快、积极向上的教学氛围,使学生主动投入学习环境中,提升学生的学习兴趣与热情,使其愿意对教师设定的任务进行深入思考和探索式学习。这就需要教师精心准备,通过语言、动作、表情等帮助学生融入课堂,让课堂"活"起来,使学生能够自主、快乐地学习。

2.现代物流管理专业任务驱动教学模式的基本流程

任务驱动教学模式的基本流程普遍采用任务设计、教学方法选择、任务实施及成果评价、总结与提高等步骤。通过以任务为主线、以学生为中心、以教师为主导,完成整个教学过程。

(二)任务驱动教学模式的具体应用——以库存控制的教学为例

1.任务设计

学习库存控制的目的在于让学生掌握库存管理的方法,并能在实际中加以运用。为了激发学生的想象力和创造力,可将任务设计为"××公司的采购及库存管理",即"假设你作为××公司物流部的经理,在面临不同的市场情境时,将如何做出采购及库存的相关决策?"通过模拟公司在实际运营中遇到的问题,

引导学生对库存控制的方法产生求知的欲望和兴趣，并将理论知识运用到解决实际问题的过程中。

2. 教学方法选择

针对选定的任务"××公司的采购及库存管理"，选择适合的教学方法。首先，最符合任务情境设定的教学方法应是角色扮演式及情境代入式两种教学方法，即将学生分为几组，每组分别代表生产或销售某种特定产品企业的员工，并选定一个组长担任物流部门经理的角色。为了让学生了解供应链上下游企业库存积压造成的供应链"牛鞭效应"，设定所有的企业都在一条供应链中，即由某种产品的原材料供应商、生产商、批发商、分销商、零售商构成，然后设定不同的任务情境，模拟市场对该种产品的需求处于波动状态。在不同情境下，分别让学生运用自己学到的知识和经验进行判断，按照供应链上下游企业的顺序依次做出相关的采购和库存控制决策。在任务进行和任务评价过程中，还可以适当穿插使用案例式、辩论式等教学方法作为补充。

3. 任务实施及成果评价

具体的任务实施及成果评价过程可安排如下。

第一次课：任务的介绍和布置阶段。

教师：举一个实际案例引出企业库存控制的重要性，如某电子商务网站失败的案例，让学生认识到库存对企业的重要性，由此引出库存管理的一些基本观念和背景知识，鼓励学生谈谈对企业库存控制的看法。

学生：由于案例生动鲜活，且发生在实际生活中，因此愿意积极参与案例讨论，并配合教师挖掘更多案例，深化了对库存控制的看法。

教师：在讲授理论知识的基础上将学生进行分组，向学生布置任务，即"××公司的采购及库存管理"任务，明确该任务的目的、规则、方法，并要求学生课下进行讨论，为任务的实施做准备。

学生：由于任务具有可参与性和趣味性，学生积极响应，各小组都积极进行讨论。

第二次课：任务的实施和成果评价阶段。

教师：安排学生参与任务的实施过程，设定不同情境考查学生对采购及库存做出的决策，对任务实施的节奏进行掌控。

学生：由于课下做了积极的准备，能够在任务实施过程中应用自己的知识和经验，各小组成员都积极进行互动和交流，既掌握了科学的理论方法，又提高了学生的表达能力和团队协作能力。

教师：对任务的完成情况进行评价，总结任务过程中的收获和存在的问题，进一步提出解决问题的方法，引出库存控制的两种数学模型，介绍如何将其应用到实际工作中。

学生：由于在任务实施过程中遇到了相关的问题，因此对库存控制的数学模型不再感觉枯燥乏味，而是对模型的应用感兴趣，能够认真听讲，积极进行思维扩散，想方设法地将其应用于实践中。

4.总结与提高

针对库存管理的模型与方法做总体回顾，将其扩展到更广阔的实践应用领域，介绍国内外最新的库存管理方法与案例，进一步开阔学生视野。

同样是两次课，四个课时，教学内容相似，但是教学模式不同，所达到的教学效果、学生的反馈效果有很大差别。因此，任务驱动教学模式是非常适合现代物流管理专业采用的。

第二节　项目教学模式的探索与应用

一、项目及项目教学

想要对项目教学做出界定，首先需要明确项目的含义。在汉语语境中，"项目"一词具有两重含义：一方面，"项目"是一个名词，指事物分成的门类；另一方面，"项目"又包含了人们在某一目标指导下，调动有限的资源，产生成果以满足目标需求的过程，隐含着一种具有动宾结构的"做事"过程。

当"项目"的概念进入教育领域后，这种两重特性更为充分地显示出来。教育领域中的项目既驱动着学生自主达成教学目标，也促使学生在完成项目的过程中习得问题解决所必需的知识与技能。

一般来说，项目具有四大特性：时限性、渐进性、资源约束性、目的性。

时限性：每个项目都有着一定的生命周期。

渐进性：项目实施的每个步骤都会成为后续步骤的准备，随着项目的推进，项目的实施者也会对项目有愈发清晰的认识。

资源约束性：项目活动需要在一定的时间和费用范围内完成。

目的性：项目工作的目的在于得到特定的结果。

结合上述内容，本书所指的项目是由一系列具有某种联系的教学任务组成的，具有明确要求，可以产生具有实际应用价值成果的完整的教学工作。

随着教育研究的不断发展，"项目"这一概念也逐步被教育领域吸纳。研究者们将项目与教学进行融合，产生了诸多新的教学方法，例如，项目课程、项目学习等。这些新方法的意图都是让学生在项目活动中习得知识与经验，项目教学是其中卓有成效的一种方法。

德国学者鲁道夫·普法伊费尔（Rudolf Pfeifer）在他的《项目教学的理论与实践》一书中指出，项目教学是指在教师的指导下，由学生在特定的学习集体中，根据学习兴趣和生活经验提出问题或活动的愿望，并对活动的可行性做出决策，并围绕既定的目标决定学习内容和学习方式，自行计划、实施和评价学习活动的教学活动。其他专家学者，例如杜威认为项目学习可被看作儿童在群体中通过理解性学习发展起来的方法。众多专家学者对于项目教学的定义都在强调以多样化的教育资源为桥梁，为达成教学目标设计贴近现实的项目教学活动。教师需要依据教学目标，结合真实生活情境中的问题设计项目，学生自主策划完成项目的具体方案，在教师的协助下进行正确合理的分工，并实施项目，完成项目。教师在整个项目中是一个监督者和辅助者，同时在必要时给学生提供一定的帮助。学生在完成项目的过程中需要结合小组的力量，遇到问题时不断思考摸索，借助相关的资源解决问题，在这个过程中培养了学生的思维能力，提升了学生的职业能力，达成了教学目标。

综合以上说法，项目教学是一种以项目为主线，结合特定的教学目标，让学习者在真实的问题情境中体验完整的活动过程，内化相关知识，以培养学习者的学习能力和职业能力的教学方法。

二、项目教学模式的特点

（一）学生主体、教师引导

教师作为引导者，放手让学生自己去探索，在学生自主学习过程中适时给予指导。项目教学模式需要学生之间去合作学习和自主学习，学生在探究过程中处于主体地位。而在项目教学模式中，教师由于知识和经验比学生丰富而担当引导者的角色。在项目选题、项目设计、项目资料收集整理、项目成果汇报这些探究过程中，教师引导学生自主思考、并肩合作、积极行动，最终成功完成项目教学。

（二）问题作驱动力

课堂教学中问题的重要性不言而喻，在课堂中运用项目教学模式进行教学自然也离不开问题的驱动。首先，项目的起始需要有一个或几个驱动性问题以引发学习活动的兴起、明确学习内容的范围、激发学生的探究兴趣，并且这个驱动性问题的难度要适中，与学生的最近发展区相适宜，体现出一定的挑战性。驱动性问题的选择至关重要，学生的后续学习探究活动就是在回答并完成驱动性问题。其次，项目探究过程中，教师对学生进行针对性的提问将加深学生学习的思考深度和点拨学生的思考角度，既能将走偏的学生拉回到正常学习轨道，又能了解学生的学习进程。最后，项目成果展示时的问题，能深化同组和异组的思考。

（三）探究过程合作化

项目的周期相对于传统意义上的一节课来说是比较长的，即使是微型项目，也需要一定时间，这就导致实施过程中需要小组合作来完成项目。学习项目的探究，单靠一个人的知识、精力、想法是难以完成的，小组合作探究是项目教学必经的一个环节。小组的合作需要学生联结为学习共同体，根据各个学生的专长明确分工内容，依据难度制定探究进度，每个学生都能在自己的小组中为最终成果的产出各展所长，完成自己的职责板块。在小组合作中，既体现出学生的各自专长，又能增强学生的团队合作意识和锻炼学生的团队合作精神。

（四）运用综合化的知识

项目涉及的内容要比单一学科课程广，很多时候是跨学科的；学生在项目完成过程中，也需要查询各方面的资料，所以这需要学生综合运用知识来完成项目学习。

项目学习不是各个学科的叠加或合并，而是统合各个学科的基本知识和方法。资料的查询和搜集的过程，也是综合知识整理和运用的过程。面对有挑战性的项目，学生需要运用跨学科思维综合运用知识去探究，单纯依靠课本上的知识则难以完成项目。

（五）成果可视化

学生根据教师提出的驱动性问题，围绕项目选题，进行项目探究，最终需要制作出一个可视化的项目成果。项目成果可以是研究报告、计划书、课程小论文、辩论赛、提案、宣传册、黑板报、实验报告、实际的产品等。根据每个学科和项目主题的不同，学生所能完成和展示的项目成果各不相同。就政治学科而言，项目可视化成果更多的是研究报告、计划书、课程小论文、辩论赛、提案、宣传册、海报、黑板报等。项目成果虽然要求有一个可视化成果，但是成果不是教师教学的最终目的，教师更注重学生在完成项目过程中的收获与成长，用项目成果反推学生的学习能力和学习过程，了解其在项目学习中的成长。

三、项目教学模式的优势

传统的传授—接受式教学法一直占据着课堂的主导地位，在这种教学法下课堂中心是"教师、教材、课堂"，学生多机械式学习，缺少对知识的扩展运用，限制了学生的能动性发挥。与传授—接受式教学法相对的项目教学法是一种探究式学习，颠覆了传统教学模式下的以教师为主、学生为辅的现象，突出了学生的主体地位，加强了教师的引导作用，在以项目为中心的前提下使得学生能够充分发挥他们的主观能动性。相对于传授—接受式教学法，项目教学法在强调师生角色、提升问题解决能力、培养团队协助精神、提高创新创造能力方面更有优势。

（一）发挥教师引导作用

在传授—接受式教学法中，学生通常是被动地接受教师所传授的知识，教师主导教学、控制学生的学习内容和进程。学生被动地听教师讲授，记忆和重述知识，按时完成教师规定的量化作业和任务。教师是讲授者，讲授知识，制定教学任务规定的作业。而在项目教学法中，学习活动以项目为中心，学生主体地位增强，教师引导作用突显。学生在项目计划、实施、汇报等一系列过程中起主导作用，主动与他人交流经验和感悟，完成自己制定的学习活动；教师在学生的项目探究中引导、帮助、给予建议，适时给学生提供资源、技术，使得学生成功完成项目。

（二）激发学生学习的探究性

学生在传授—接受式教学法中会经历对知识和原理的疑惑、探讨、解答的阶段，多是对简单、单一的知识和原理进行探讨，这种问题解决过程具有浅层性。在项目教学法中，学生根据项目主题挖掘自己感兴趣、能够胜任的问题去探究，包括制定计划、资料搜集、资料整理、资料分析、成果制作这一系列过程。这一系列过程中包含问题解决过程，对项目进行探究有利于提升学生的问题解决能力。

（三）提高学生合作学习的能力

项目教学法与传授—接受式教学法不同，更强调小组间的合作学习，强调学生与他人合作而不是竞争。在项目学习活动中，学生承担的是有一定难度和挑战意义的任务，需要学生之间组成小组，围绕共同的目标进行合作学习。合作学习既要求学生承担项目责任，按时完成自己的职责内容，也要求学生拥有协助精神，共享资源和互相帮助，实现优势互补。氛围和谐的小组，在合作学习中不仅有利于学生齐心协力高效率完成项目任务，而且也有助于学生合作学习能力的提升。

（四）促进学生主观能动性的发挥

传授—接受式教学法注重学生在学科课堂上吸收和理解学科知识，作业和习题的答案有固定标准，固化了学生的思维。项目教学法注重让学生将所学知识和所得经验见识运用起来，有助于促进学生主观能动性的发挥以及提高学生的创新能力。项目学习过程中，项目成果形式多样，没有标准答案，学生在教师的引导下大胆地发挥主观能动性，对于问题自主探索，最后做出独特成果，将实现创新能力的提升。

四、项目教学模式的理论基础

（一）实用主义理论

美国教育学家杜威提倡实用主义，将教育看作一个改善人类处境的过程，学校是社会环境中的特殊化环境。他针对"以课堂为中心、以教科书为中心、以教师为中心"的传统教育理念提出了新的"以经验为中心、以儿童为中心、以活动为中心"的"新三中心论"。

杜威提出"教育即生活，教育是传递经验的方式"，认为"一切知识都来自经验"，强调"从做中学"的教育理念，看重解决问题的能力和科学的方法，认为课程是以学生的经验和兴趣为基础，并且是为人的一生做准备的。杜威反对传统教学中对学生个性和心理特点的忽视，主张"以儿童为中心"，强调尊重学生成长的生理与心理规律。在项目教学中，强调学生积极主动参与，围绕项目进行探究式、合作式的学习，有组织地完成学习活动，真正做到"从做中学"。

（二）多元智能理论

美国哈佛大学教授加德纳于 1983 年在其《智能的结构》一书中全面总结了多元智能理论，他认为人类思维和认识世界的方式不是一元的，而是多元的，学校一直重视以语言与数理逻辑为特征的智能，并非智能的全部。他提出人类至少存在的九种智能，包括语言智能、数学逻辑智能、空间智能、身体运动智能、音乐智能、人际交往智能、内省智能、自然观察智能和存在智能。每个人都有独特的智能表现和智力结构，而智力潜能的开发和培养得力于其生存的环境和教育。一个人应该基于其智能特征，进行有选择的发展。多元智能理论主张要区别看待学生的个体差异，发现和培育学生的优势，尊重不同的学习风格，因材施教。课程设置的可选择性、课程教学活动的多样性、评估方式的多元化的课程特征，恰恰体现的是多元智能理论的思想。同时，他把智力看作"个体解决实际问题的能力、生产或创造出具有社会价值的有效产品的能力"。

（三）协作学习理论

协作学习理论是由美国学者斯莱文（Slavin）提出的，他认为协作学习是一种高效的课堂学习方式，是由教师组织学生分为学习小组，让每个学生都能有效地发挥优势，在学习小组中完成活动任务，然后以完成的任务质量来进行评价。协作学习是一种课堂学习模式，它的特点是组内成员是以优势互补的形式构建的，便于每个学生发挥优势，在小组活动中学生可以共享信息和学习资料来攻克共同的问题，单个学生在小组内对活动问题有不同的侧重，从而更好地探索。在这个过程中学生通过言语沟通，提升了自己的交流表达能力，在小组的磨合中让学生感受到团队协作的能量，从而增强学习自信心，为其将来的职业发展奠基。

协作学习的重点在于协作，协作是学生处理好活动项目的基本条件，项目教学法就是以学生在小组活动中的协作能力为重点，在课堂中教师重点监督学生小组的项目完成，迫使学生在小组中利用自身优势和提高协作能力。项目教学法在应用中极其重视小组活动，因为小组是完成项目的载体，学生只有在小组中才能完成具体和复杂的项目，协作学习理论对于项目教学中小组活动的组织和开展有重要指导意义。

（四）发现教学理论

美国心理学家杰罗姆·布鲁纳（Jerome Seymour Bruner）积极倡导发现教学，其思想源头可以追溯到古希腊苏格拉底的"产婆术"。布鲁纳在教学上提倡"发现法"，主张引导学生通过自己的主动发现来学习，要把学习知识的过程和探索知识的过程统一起来，学生在主动的思维活动中理解并掌握所学学科的概念原理和基本结构，并逐步发展学生的归纳、推理等思维能力和自主学习能力。他认为"发现"依赖于"直觉"思维，主张在教学中采取有效方法帮助学生形成直觉思维能力。发现教学以弘扬人的主体性为宗旨，强调培养创新精神和实践能力，其一般步骤为：首先提出问题并设置问题情境，通过对问题的讨论、联系生活经验来提出假设，再上升到概念或原理，最后将其转化为活的能力。项目教学就是从发现问题开始，指向对概念的理解，尤其强调对驱动性问题的探究能力和对概念的理解与迁移。

五、项目教学模式在现代物流管理专业教学中的应用

开展项目教学的关键是选择恰当的项目。选取具有可操作性的对象作为项目，选取的项目要难度适当，充分保障调动学生的学习积极性。设计项目方案时要保证学生学习的知识涵盖主要的知识，并能激发学生的学习兴趣。项目设计的内容应与教学目标相一致，该项目的内容应包括学生所需要的知识和技能。在项目的设计上，教师首先要选择的是难度小、所需时间不长的单个项目，经过一段时间的练习之后，学生掌握基本理论知识，由学生自主决定和选择小组成员进行组合、收集资料、项目成果的交流评价等。

在实施过程中，项目教学认真贯彻"学生主体，教师主导，项目主线"的原则。在教师的指导下实施的项目，教师的角色是一个指导者，开展教学目标展示。学生一般以小组为研究单位，项目课程着眼于学生的专业能力。在项目教学的实施过程中，教师应通过具体项目的设计，引导学生学习，最终使学生全面提高学习能力、分析能力和解决问题的能力，使培养的学生符合企业需求。

第三节 混合式教学模式的探索与应用

一、混合式教学模式的理论基础

(一)教育传播理论

教育传播过程是教育者将信息,比如知识、情感、观点等,运用不同渠道的媒体,传递给既定的受教育者。教育传播的基本模式有课堂多媒体、远距离媒体、学生自主利用媒体自学三种,都非常适用于混合式教学。课堂多媒体传播的相关理论,可以支撑课中的线下教学研究;远距离媒体传播的相关理论,可以支撑课前和课后的线上教学研究;学生自主利用媒体自学传播的相关理论,可以支撑学生自主学习的学习行为。

(二)信息加工理论

信息加工理论将人类的大脑类比于一种可以像计算机一样进行信息加工的系统,将人认知的过程类比于对信息加工的过程。这个过程首先要注意到信息,进行选择并接收信息,然后对信息进行编码、内化和组织,将短时记忆变成长时记忆,最后通过这些信息做出判断和行为。该理论将学习分为八个阶段,即动机、领会、习得、保持、回忆、概括、作业、反馈,每一阶段都由内部和外部过程共同影响,学生学习需要老师教的外部过程和自己消化的内部过程共同完成。

在进行混合式教学设计时,课前应创设情境激发学生学习兴趣和动机;课中利用信息技术等多样化的手段让学生注意、领会到知识,学生通过老师的多种教学方法引导内化习得知识,通过梳理知识总结重点,将短时记忆保持为长时记忆;课后通过学生自行梳理所学知识的思维导图,回忆、概括已经习得的内容,巩固长时记忆,最后通过作业阶段学会对知识的运用,并通过反馈阶段判断对知识的掌握程度。

(三)首要教学原理

梅里尔提出了教学的五大首要教学原理:学习者在解决现实问题时促进学习;激活现有知识作为新知识的基础时促进学习;向学习者展示新知识时促进学

习；学习者应用新知识时促进学习；当新知识融入学习者的世界时促进学习。永森张（Wing Sum Cheung）在混合学习环境中采用首要教学原理，结果表明混合学习课程组织良好，并为学生提供了积极参与的学习环境。

二、混合式教学模式的特点

（一）教学资源内容的混合

混合式教学模式的教学资源内容主要包括传统书本资源和网络教学资源。当今社会，人才的需求越来越趋向于综合性，未来学科发展的趋势是文理相通、学科互融，因此，学校更加重视对多样化、综合性人才的培养。在混合式教学模式下，学习者接收到的信息不再局限于某一门学科，而是发散且系统的知识体系，学生在学习过程中可以触类旁通、深挖学习潜力。

（二）教学资源呈现方式的混合

传统书本型知识的呈现方式能够帮助学生系统把握知识脉络，因此，一直以来，纸质教材作为课堂教学的重要载体，是学生学习的主要依据，但纸质教材文字呈现的方式单一，不利于学生创新思维的养成，很难调动学生学习的积极性与主动性。为了弥补传统教材的不足，新型教学资源需要新的呈现方式，即不能固化在教材、课本、黑板上，需要无所不有、随处调用，这种新型教学资源只能是数字化、网络化的教学资源，才能满足学习者对于各种资源的需求，实现其个性化发展。

（三）教学场景的混合

混合式教学并不是信息技术平台和传统课堂的分场景呈现，而是线上教学平台与线下面授课堂的相互补充，双方融合的目的是为学生营造真实且连贯的学习情境，从而促进学生有效学习与深入探究。

（四）教学方式的混合

混合式教学是基于"互联网"技术，以教学平台为出发点，以保障学生个性化学习为宗旨，将教师、学生、教学资源各要素有机融合，为学生创造一种高度参与性的学习体验。根据成果导向教育理念，混合式教学改革中教师应明确课程改革需要达到的效果，并综合分析学生的个性化学习需求和过程，对教学方式进行反向设计，不能单纯地把课前、课中、课后教学功能划分为：课前分享线上资源、课中讲解重难点、课后作业布置。混合式教学密切关注学生个性化学习体验，有规划地重构教学方式，从根本上将线上教学与线下教学融合在一起，高效完成教学活动，避免产生低效课堂和学习者"浅层"学习的尴尬境地。

三、混合式教学模式设计的原则

（一）科学性原则

科学性原则应贯穿整个教学过程，从教师开始教学设计到教学实施过程以及课后扩展，不管是课前需要完成的导学案、观看的视频，还是课堂上所用的课件、实验演示，都应该保证教学资源、语言和内容是准确和科学的。

（二）合作性原则

教学是教师与学生的合作学习过程，教师并非只是告诉学习者既有的知识，告诉其最后的结论，而是学生学习的领跑者，因此，从某种角度上来说，混合式教学是为了促进师生之间的合作学习，便利、舒适的师生交互空间的创设至关重要。混合式教学模式能随时实现教师与学生、人与资源的双向互动，促进教学活动的发生。

（三）有效性原则

有效性原则要求教师及时反思，依据学生课前线上学习的反馈，不断调整课中的教学设计，提高混合式教学在课堂教学中的有效性。为了切实保证教学活动的有效性，老师在教学过程中应安排有趣味性的教学活动，并且通过合作学习、小组讨论等形式，让学生在实践中有效学习。

（四）相融性原则

混合式教学最理想的状态，不是线上、线下教学的割裂，而是网络教学和传统教学的有机融合。网络教学和传统教学为了培养学生这一共同目标，互为拓展和补充，一方的教学设计要以另一方的教学为基础，双方不能机械脱离。

（五）启发性原则

启发性原则是在教学过程中，让学生自觉主动地学习，达到理解知识的教学目的。教师课前可以引导学生思考预习知识，在面对面教学时，将学生预习时可能产生的各个问题呈现给学生，让学生进行自主合作探究，教师进行指导和点评，即通过提出问题的形式呈现知识点，引导、启发学生进行深入学习。

（六）交互性原则

混合式教学下的交互主要是通过网络平台进行交互和课堂上的面对面实质性交互。网络平台的交互主要是老师发布教学资源、任务、作业等，以及师生在网络上及时交流和互动，课堂面对面交互就是以学生预习遇到的问题和教学内容为中心展开的探究学习。混合式教学的交互不能将网络在线学习和课堂教学分开。

（七）开放性原则

混合式教学模式是由若干要素组合而成的集合体，集合体之间各要素不是孤立存在的，需要以开放的方式吸收新信息、新思想、新理念。这种开放性所体现的，首先是教学方式的开放，包括教师采用的教学方式不仅包括讲授，而且也包括演练、模拟等；其次是教学内容的开放，教学资源不仅局限于教材、书本，而且也包括网络资源、影音录像等；最后是教学过程的开放，教学不是知识、技能的灌输，而是开放、民主、探究、交互过程。

（八）巩固性原则

巩固性原则要求教师应熟悉且善于运用关于记忆和遗忘的一些规律，达到知识巩固的效果。巩固的方式要丰富多样，最常见的就是书面作业的形式，还有一些其他的方式，比如制作思维导图、动手实验、实践解决问题等，教师要合理运用有效的手段达到巩固的目的。

（九）理论联系实际原则

理论联系实际原则要求教学活动要把理论知识与实际问题结合起来。学生主要在课堂里面通过老师的讲授获得理论知识，这很容易造成学生理论知识与生活实际脱节。因此，在教学中教师应依据知识创设合适的情境，给学生提供和创造机会把理论知识与实际生活相联系，让学生在解决问题的过程中感受到社会责任。

四、混合式教学模式在现代物流管理专业教学中的应用

(一)建构"线上线下、课堂内外"的教学共同体

以高职现代物流管理专业为例,混合式教学模式必须建立在教学共同体基础上。教学共同体是整合各种物流教学资源和多样化的教学方式,形成一个完整的"线上线下、课堂内外"的系统总和,这个共同体突破时间和空间的局限性,保障师生互动,学生充分利用碎片化学习时间,提高学生自学能力。

课前,利用优秀物流企业资源,遴选合作企业专家与专任教师组成课程开发小组,开发核心课程,将课程预习导图、知识重难点、相关音频视频、文档资源、网页链接或其他案例资源等上传至线上教学平台,要求学生选择适合自己的学习时间,自主预习,理解与完善预习导图,并将预习过程中产生的问题提交至云平台学习交流区。教师在课堂面授前,可以充分掌握学生的认知水平和学习需求,为教师课堂面授的深度教学奠定基础。

课中,教师在对学生课前学习情况进行分析的基础上确定重难点,缕清讨论点和讲解点(讨论点和讲解点都是对核心知识的深度挖掘)。教师可利用各种相关素材,借助线上平台课程教学区域,创设教学情境,使学生感知情境,引导学生突破自主学习过程中遇到的瓶颈,建构课前课中知识的有效链接。在教学过程中,教师要帮助学生梳理知识,聚焦教学重难点,指导学生实践操作与讨论交流。

课后,教师根据学生学习结果,设置分层作业,企业导师借助智能实录系统对学生实践过程针对性地分析和点评,旨在巩固学习,深化学生自学意识。基于线上平台的产教高度融合,线下由企业专家课堂内面授、讲座、指导;学生课堂外参加线上技能大赛,参与技能考证,参加平台的毕业季训练营,全面提升学生的企业岗位技能及创新创业思维。

(二)共建"开放、共享"的平台信息化课程资源

基于学生的学习需求不同、技能基础不同等问题,依据国家颁布的现代物流管理专业教学标准和人才培养方案,将现代物流管理专业课程划分为仓配模块、运输模块、货代模块、供应链模块,不同的模块对应建立不同的课程资源。信息化课程资源搭建是否合理的评价标准是能否为学生创建一个适宜的线上学习环境,在搭建资源之前,需要对学生的学情进行分析,充分掌握学生的学习喜好和学习方式。目前的高职学生以00后为主,理论学习能力不强,但是有一定的网

络操作基础，弹性学制下，他们边工作边学习，部分学生不具备专业学习场景，因此，课程资源的搭建要以可视化、互动化、仿真化为前提。可视化主要是指要有一些物流场景操作的视频、图片、音频资料等；互动化是指通过信息化平台，加强师生之间的讨论和交流；仿真化是指制作物流实践教学虚拟仿真平台，营造物流企业虚拟操作环境。专业教师与企业实践专家、课程开发专家要共同制作立体化、信息化的专业岗位平台课程资源，为专业岗位线上、线下教学提供宝贵的课程资源和智力支持。

（三）构建"校企协同"的多元化师资队伍

专任教师担任专业课程讲师，作为课程的设计师、实施者及课程教学的评价主体，对学生的专业核心课进行面授、网络答疑、单项实训指导，并与企业导师建立教学共同体，商讨、组织教学过程。

选聘学生所在企业专家担任企业导师，企业导师必须是懂得一线生产技术或是承担一线生产任务的技术专家或骨干，不仅要有工作能力，而且还要有职业素养，要具有对学校、企业和学生负责的精神与品格，还需要掌握一定的教育心理学和组织管理学。企业导师线上、线下把关人才培养方向、开办前沿讲座、负责技能指导。

第四节 工作过程导向教学模式的探索与应用

一、工作过程导向教学模式的理论依据

工作过程导向的教学模式，指的是将教学过程与工作过程有机糅合，在专门的教学模式下，培养学生职业从业资格，使学生日后能够顺利适应岗位工作，且体现出较强的职业能力。工作过程导向教学模式下，关于知识与技能的需求结构，是按照技能要求选择知识，并不注重构建系统化的知识体系，但对技能结构的合理性和完整性却高度重视。该教学模式下，教学内容为职业技能，主要以学生掌握职业技能为主导，强调职业行为教学逻辑性；教学手段主要依托真实职业场景，强调教学环境的真实性；教学活动程序是围绕学科教学内容，促进学生掌握工作技能，要求工作技能从实际工作岗位中选取，并在教学后运用于岗位训练中，检验学生工作技能水平，并作为调整教学的有效依据。

可见，工作过程导向教学模式，要求教学工作立足于学生日后实际工作过程，重点强调在教学过程中引导学生掌握工作技能，提高学生职业素养水平。高职教育作为我国职业教育的重要组成部分，与普通高等教育并非相同层次，但绝不意味着高职教育低于普通高等教育。所以，高职院校需明确职业教育的人才培养目标，立足于学生终身发展视角下，成人比成才更为关键，在学生人生观、价值观与世界观塑造的关键时期，需借助行之有效的教学模式，促进其为教学目标实现服务，提升高职教育教学效果，实现高职学生的健康全面发展。

二、基于工作过程的物流管理课程体系改革思路

根据企业诉求和学生未来发展规划，确定现代物流管理专业人才培养定位。根据物流行业企业人才需求的调查研究及高职人才培养目标，现代物流管理专业人才的培养目标为：依据区域经济发展对物流人才的迫切需要，培养具有现代企业管理思想、优秀职业素养、本专业的必备知识和熟练的操作技能，能在主流物流企业从事物流业务操作、客服管理等方面的专业人才。

根据物流企业岗位，分析确定典型工作任务。分析确定典型工作任务，要从分析岗位工作任务开始，认真把握工作任务、完成该项工作任务必须具备的知识和操作技能。可通过以下两点来进行：一是运用头脑风暴法，召集行业企业专家和一线骨干能手举行座谈会，研讨、分析工作任务，客观、详尽地列举出该专业的所有工作任务；二是梳理、分析、总结、提炼所列的工作任务，全面概括物流工作过程所涵盖的典型工作任务。

遵循人才成长的认知规律，重构现代物流管理专业课程体系，通过对主流物流企业的工作岗位分析，按照工学结合、产教融合的职教理念，以真实工作任务分析为起点，构思设计若干知识点，采用项目驱动、任务导向的课程模式，重构有别于学科系统，能充分体现高职教育特点的专业课程结构。

基于工作过程的专业课程结构，不同于传统课程体系的学科性框架，体现了理实一体的完美结合，教学过程与工作过程无缝对接，符合教育部关于高职教学改革、课程改革的精神。但基于工作过程的课程结构开发是一项十分复杂、非常繁重的系统工程，还应逐步建立起一套科学合理的质量监控和评价考核体系。其中，最为重要的一环就是用人单位也就是社会的评价、反馈，学校应继续加强与企业的交流、协商、合作，除了在课程结构的开发过程中让企业全程参与以外，还要不断、经常地将企业对毕业生的评价结果反馈给学校，以对课程结构体系进行动态的调整。

第五节　参与式教学模式的探索与应用

一、参与式教学的基本理论

（一）参与式教学的内涵

"参与"和"教学"两个词语共同构成参与式教学，其强调在教学过程中参与的重要性。

"参与"在《语言大典》里解释为"参加"；在《辞海》里释义为"参加到里面去进行活动"；在《现代汉语词典》中解释为"参加（事务的计划、讨论、处理）"。通过对资料的梳理分析发现，"参与"有两层含义，一指"参加"，二指与相关人员一起做某件事情。"参与式"源于社会学领域，强调人们尽最大可能参与到社会援助项目中去，后来经过时间的沉淀，逐渐被引进到教育学领域，出现参与式教学、参与式方法等相关术语。

在阅读大量文献的基础上发现，目前学术界对参与式教学下的定义尚不统一。学者基于不同的立场和角度对参与式教学所下的定义，均值得借鉴。在梳理完不同学者对于参与式教学的定义之后，将学者对参与式教学核心要义归为四类。

第一，教学活动说。学者叶澜是教学活动说的典型代表，其认为参与式教学是一种教学活动，是教师通过多种途径、手段和方法鼓励学生积极参与，促使学生在参与中构建知识、获得能力、形成良好的价值观。

第二，教学理念说。这一说法的代表有学者许建领，其强调在教学过程中，学生认知、情感、行为的全方位投入，目的是促进学生主体性发展。

第三，教学方法说。陈时见、冉源愈两位学者将参与式教学看作一种教学方法，是教师依据学生实际和愿望，运用灵活多样、形象直观的教学手段，营造良好氛围且设计有趣、有意义、有挑战的学习活动，通过小组合作、师生对话、评价机制来保障学生主体内核的教学方法。

第四，教学方法和教学理念相结合的说法。刘洪深和王倩玉二人综合前人的研究认为参与式教学既是教学方法，也是教学理念，是在以学生为主体的观念指导下，教师通过不同方法和手段的运用鼓励学生参与到课堂中，构建知识、体验情感、培养能力的方法理念。

在借鉴前人研究基础之上，可以认为参与式教学既是一种教学理念，也是一种教学方法。它是在以学生为本观念的指导下，教师在了解学生个性特征以及实际需求的基础上，运用各种教学方法和教学手段，营造适宜参与的课堂气氛，鼓励学生通过小组合作、与教师交流等不同途径参与到课堂中，以师生评价机制作为保障，目的在于促进学生的良好发展。

（二）参与式教学的特征

1. 学生主体参与

在运用参与式教学模式的课堂中，一切教学活动均要围绕使学生认知水平有所提高、行为有所改变、情感有所丰富来开展。课堂中教师的作用在于为学生提供学习资源，引导学生主体主动参与到课堂活动中，去感受知识传递给人类的无穷力量，去掌握一套可以解决社会问题的方法论，最终达到教育的终极目标——成为一个具备综合素质的"完人"。

2. 教学方法灵活多样

在参与式课堂中，各种类型的教学方法恰当地运用到教学实践活动中，不但可以提升学生课堂参与度，而且也可以为课堂教学效果"锦上添花"。除了采用传统的讲授式、启发问答法，教师还可以将角色扮演法、案例分析法、头脑风暴法等多种方法与教授内容相结合，并且创造性地运用到课堂中，唤起学生内心主动参与课堂的意识，使学生可以较为顺畅地融入活动中去，促使教学效果显著提高。

3. 师生关系平等和谐

在传统课堂中，教师即权威的观念束缚了学生对于教师所讲授内容的质疑能力，导致学生对于教师所授课业内容唯命是从。长此以往，学生便会丧失独立判断与思考的能力。所以说，师生关系的不平衡会影响学生是否敢于挑战教师的权威。在参与式课堂中，要对传统的这一课堂现象进行改变，教师要融入学生中，平等地与学生进行交流对话，听取学生真实客观地表达心中的想法，这样也便于教师更好地了解学生，对于授课状态及时进行调整。

4. 课堂气氛融洽愉悦

传统的课堂气氛是严肃、拘束、沉寂的，给学生以压抑之感。而在运用参与式教学模式的课堂里，需要营造一种适宜学生参与的、让师生之间相处融洽的愉悦场域，教师引导学生敞开心扉，真实表达自我，这种状态下的学习效果和教学效果会有较大程度的改善。

5. 教学评价的多维性

参与式教学的评价不局限于以试卷为主的结果性评价，而是从参与程度、作品完成度、兴趣度等多个维度出发对学生的学习进行考量。在参与程度方面，要求学生全部参与其中，且活动真实有效，可以将活动分为全班活动和小组活动两个层次；在作品完成度方面，要求学生掌握的知识和技能是学生自主探究的结果；在兴趣度方面，要求评价学生在活动过程中对课堂学习的感兴趣的程度。所以，参与式教学的评价是多维的、综合考量的。

6. 教学结果的反思性

参与式教学重视反思。反思是对教学过程的回顾与思考，只有不断反思，才能发觉参与式教学中存在的问题，找到问题才能有的放矢，对教学设计不断优化，进而投入下一轮教学实践中去，实现理论到实践、实践再到理论的螺旋式上升，建构全新的经验体系。

二、参与式教学的理论基础

（一）建构主义理论

建构主义理论丰富的知识观、学习观、学生观、教学观指导着参与式教学在课堂中的运用。

1. 建构主义理论的知识观

该理论认为知识并不是对现实的准确表征，也不是问题的最终答案，它仅为一种解释、一种假设。随着人类认识的进步，知识会被"革命"掉，之后会出现新的解释和新的假设。知识并非以实体的形式存在于具体个体之外。虽然语言符号赋予知识一定的外在形式，但这并非表明每名学生对于知识拥有同样的理解。学生对于知识的理解是受学习者认知结构影响，并且基于一定的具体情境主动建构的知识。

按照这种观点来说，课本仅是对一定的社会现象的解释而已，并非一成不变；学生对于知识的理解是由学生自己结合自身原有的经验去建构完成的。参与式教学在运用过程中要注意，学生掌握知识的过程是学生积极建构的过程，并非教师传递知识的过程。

2. 建构主义理论的学习观

该理论认为学习不是简单的刺激—反应的过程，学生也并非被动接受知识，他们会主动地消化吸收外部信息。此外，认为学习具有社会性，强调社会文化环境对于学习者建构知识的重要性。该理论所强调的学习活动并不是独立个体单独完成的，而是由个体与社会的相互作用促使学习者完成知识建构。

正如在参与式教学中，因学生个体在经验、背景、成长环境中存在差异，学生在活动中分享想法、表达个人见解时，不仅会产生思想的共鸣，同时也会存在思想的火花碰撞，群体中的他人会对每一个个体的知识构建产生影响，帮助他人构建更深层次的理解。

3. 建构主义理论的学生观

该理论认为，学生在走进教室之前，已经在日常生活中积累了大量的经验，若在课堂中遇到棘手的问题，学生也可以依靠自身的旧有认知和经验，做出对于知识的合理解释。这些解释并非凭空而来，而是由学生依靠原有的经验做出的合乎逻辑的假设。所以，在参与式教学中，教师要把学生的原有经验作为教学依据，引导学生产生新的经验。

4. 建构主义理论的教学观

该理论认为"情境""协作""会话""意义建构"是学习环境的四大要素。在教学过程中，建立教学情境是基于学习者在进入教室时，并不是空着脑袋的，他们拥有对于事物的原有认知，教师的作用便是创设贴近于学生原有认知经验的情境，以便于学生在先前经验的基础之上构建出新的知识、经验。"协作"互动的方式可以为师生、生生创造一个交流沟通的场域，构建起学习共同体。"会话"是促进学习者主动构建知识的重要途径。学习者通过不断交流、分享自身的经验想法，不断促成自己建构新的知识体系，而且也会促进他人形成新的经验知识。"意义建构"即教学终极目的，学习者通过不断学习，获取新事物与先前经验的内在联系，完成知识的迁移，建立起新的知识体系，形成自己对于客观事物的独特见解。

参与式教学以建构主义理论为基础，指导教师依据学生原有经验设置一定的教学情境，合理运用各种类型的教学方法来引导学生不断参与其中，增强学生参与的主动性，促进学生知识的主动建构。

（二）人本主义理论

18世纪卢梭的自然主义教育理论以及19世纪杜威的进步教育主张中孕育着人本主义理论，20世纪六七十年代的罗杰斯、马斯洛等人进一步发展了人本主义理论。他们认可人的主观调控与自由能力，强调人的自我价值与崇高的地位，倡导以人为中心，推崇人性化教育。

人本主义理论推崇的教育理念具有以下特征：

一是强调个体拥有巨大的潜能。人本主义理论强调人具有可塑性、可发展性，教师要充分认识到学生身上具备的无限可能，并且运用一定的教学技巧充分激发学生个体的创造性，促成学生的全面发展，使其成为"完整的人"。

二是促使学生进行"意义学习"。这种意义学习表现在学生不仅身体上投入学习中，更要心理上认可学习；学习动机来自学生内部，是学习者自己发起的；学习具有渗透性，会促使学生行为、个性均有所变化；学生了解自身的变化情况，学习评价应由学生自身做出。

三是教师扮演着学生"意义学习"促进者的角色，教师存在的意义在于为学生提供学习资源，促进学生的意义学习。教师要拥有正确的教育理念，以学生为中心，以学生的学为主，对于学生的学习进行"非指导性教学"。

人本主义理论对于参与式教学的指导作用在于，教师要在课堂活动中关注学生的个体行为，充分依靠课堂活动激发学生的内在潜能，给予学生"非指导性教学"，使其成为"完整的人"。

（三）合作学习理论

合作学习是一种互动学习，学生在明确的分工中共同完成学习任务。合作学习鼓励学生在共同完成任务的过程中，一起为集体和个人的利益而努力，以实现自己的理想。

合作学习起源于20世纪70年代的美国，现在被美国、荷兰、英国、德国和其他国家广泛应用于中小学教育。以沙伦博士为代表的学者认为合作学习是一系列组织和推动课堂教学活动的总称，它既是一个以三到五个学生为基本单位的学习小组进行的合作学习，也是通过互动和交流进行的个人学习。

在此理论基础上，为了实现全体学生的共同发展，教师应鼓励学生参与合作学习。在课堂活动中，教师应以学生为中心，充分发挥学生的主体性，让学生间通过有效的交流，共同探究学习，增加学生之间的信任度。在教学过程中，学生不仅仅需要参与到小组问题的讨论过程中，还需要结合自己的知识，从问题中提取出有用的知识进行内化，最后再将自己的观点表达出来。因此，合作学习的形式既能提高学生的学习兴趣，还可以增强学生主动学习的意愿，在合作学习的过程中，提高与他人的合作能力。

（四）维克托·弗洛姆的期望理论

维克托·弗洛姆是一位著名的美国心理学家和行为学家。他于 1964 年在《工作与激励》一书中提出了期望理论。他认为，人们总是有一定的期望，有一定的目标，当目标没有得到满足时，人们总是表现出期望。在那一刻，目标将再次创造新的力量，这种力量促使人们为了目标努力前行。目标越有可能达到，这种力量就越大，人的动机就越强。在教学过程中，运用这一理论可以有效地激发学生的学习动机，对参与式教学的实践有很好的启发和借鉴意义。

三、国内外参与式教学发展现状

（一）国外参与式教学发展现状

参与式教学最早可追溯到希腊教育家苏格拉底提出的"产婆术"，其主张不直接传授具体的知识，而是在讨论、问答、交谈或争论中收获知识，这与现代的参与式教学的教育理念大致相同。而现代参与式教学起源于在 20 世纪五六十年代的英国。最开始的"参与式"理论并不是一种教学法，而是一些英国的社会学专家针对国外进行国际援助性研究所得的一套社会学理论，后来在引进教育教学领域后才发展成现代参与式教学。参与式教学以学生为中心，允许学生参与到教学中，教师运用灵活直观的教学方法，营造民主、平等、和谐的教学氛围，学生在主动思考与自主探究中完成知识的建构过程。

早期参与式教学理论有杜威的"从做中学"和布鲁姆的"掌握学习"，主张教学中学生和教师的双向交流、主动参与；布鲁纳的"发现学习"主张学生从探究中发现知识、获得知识、掌握知识。随着对参与式教学的研究不断加深，在参与式教学的理论与实践教学的研究方面收获了很多成就。例如，美国心理学家马文就提出了角色扮演法。他指出，许多学生更喜欢通过"做"而不是"听"来获取知识。因此，教师可以在课堂上采用角色扮演的方法来促进学生的参与。美国心理学家德尔普拉托提出的自我监控法，认为学生在课堂上观察自己的行为，记录自己的目标行为，可以促进学生的课堂参与。

目前，斯蒂金斯关于参与式教学的著作《促进学习的学生参与式课堂评价》是应用最广的教育评价工具之一。在国外，随着参与式教学理论的发展深入，参与式教学已经在国外得到广泛应用。以下是国外经典的参与式教学模式。

1. CBE 教学模式

CBE 是英文全称"Competency Based Education"的缩写，意为"能力本位教育"，是以布鲁姆思想为基础的教育模式，是目前在欧洲、大洋洲和亚洲比较盛行的一种以培养职业应用能力为主，利用灵活多变的教学内容、方法，让学生主动收获知识的教育模式。

CBE 教学模式作为参与式教学的一种延伸，强调学生的自学和自我评价，以学生为主体，学生可根据自身实际设定并完成学习计划，在满足要求后完成自我评价与教师评价。教师是学习过程的管理者，主要负责提供学习资源、安排课程、评估和鼓励学生取得成绩，在学习中起辅助引导的作用。

2. MES 教学模式

MES 是英文全称"Modules of Employable Skills"的缩写，意为模块式技能培训，是国际劳工组织在 20 世纪 70 年代开发的一种以现场教学为主，以技能培训为核心的教学模式。该教学模式作为参与式教学的延伸，认为教学以学生为中心，课程设置灵活，但有明确的学习目标、学习任务和要求；教师在负责组织教学的同时，也可以在学生完成教学目标的前提下，为他们提供学生自己感兴趣的课程，借此不断拓展学生的知识和视野。该教学模式从专业人才的培养、学生的个人发展和学习需求出发，注重学生智力、综合能力和专业素质的全面发展。MES 教学模式以学生为本的教育思想与"以学生为主体、教师为主导"的教育理念基本相同，MES 教学模式为教师在实践参与式教学过程中如何设计教学目标、如何吸引学生学习兴趣等问题提供了很好的参考意见。

3. BTEC 教学模式

BTEC 是英文全称"Business & Technology Education Council"的缩写，意为英国商业与技术教育委员会。BTEC 教学模式作为一种推崇以学生为中心、以能力为基础、以成果为依据的新型教学模式，源于英国，目前全世界共有 120 多个国家，7000 多个中心在实施 BTEC 教学模式。

BTEC 教学模式作为参与式教学的延伸，强调以人为本，让学生成为学习的主人。学校应尊重学生的平等权益，为学生提供各种学习环境、条件，教学应围绕学生的"学习"进行设计。首先，在教学过程中，理论教学占 1/3，学生自主研究占 1/3，社会实践占 1/3。同时，要求教师的讲解时间不超过 1/3，2/3 的时间留给学生研究和实践。其次，在教学方法上，教师要详细阐述，激发学生的思维，为学生提供学习条件，让学生独立思考。最后，教学以小组学习为基础。教师根据学生的个性、能力和特长，引导学生进行合理的组合搭配，使学生充分发挥自主学习能力，提高自身能力。BTEC 教学模式可以为教师实践参与式教学提供参考。

（二）国内参与式教学发展现状

参与式教学虽说 20 世纪 80 年代才传入我国，但参与式教学强调的自主、积极、启发、引导的教育理念在我国自古便有。如在《学记》中所提到的"时观而弗语，存其心也"就强调教学不是一味灌输，教师要注重观察学生的变化，要尊重与培养学生自主思考和用心思考的能力；又如孔子在《论语·述而》中提到的"不愤不启，不悱不发，举一隅不以三隅反，则不复也"就强调在教学过程中教师要充分给予学生时间与空间去思考，以培养学生积极主动思考的能力及发散性思维，教师主要负责的是其中的启发引导作用。

现代中国最早运用参与式教学的是清华大学过增元教授。参与式教学早期主要应用于研究生的教学以及对动手能力要求比较高的理工学、医学类的培训活动中。

随着参与式教学研究的深入，逐渐涌现出诸多的研究成果，如王瑞麟提出传统的依赖式教学压抑学生的潜能，导致个性被扼杀。参与式教学是从学生的特点出发，让学生参与教学过程，能在课堂上极大地发展学生的个性。邵瑜认为在化学教学中运用参与式教学，可以活跃课堂气氛，逐渐打消师生间的隔阂调动学生主动性，有提高学生成绩的作用，也可以锻炼学生分析问题、解决问题和实验操作的能力。庄丽认为在外语教学中运用参与式教学，可以最大程度调动学生的参与意识，让老师很容易在对话中了解到学生的认知、思想与感受，从而建立一个自然积极的教学环境。自 2001 年新课程改革以来，参与式教学的研究与实践也越发活跃。2004 年在西部基础教育发展项目的支持下，我国广西、宁夏、云南、四川、甘肃 5 个省（自治区）的贫困地区对于没有普及九年义务教育的县和贫困县就进行了关于参与式教学的有计划、分步骤的农村小学教师培训。在 2010 年，国务院还将参与式教学作为重要的教学模式和方法计划在未来十年进行大力推广，从此参与式教学的实践研究和推广越发活跃。如王小燕提出，学生的课堂参与要实际情况和教学内容相结合，采取有针对性的课堂教学，吸引学生的注意力，激发学生的积极性和主动性，从而达到提高学生课堂参与的实效性。陈雪婷认为在参与式教学的教学设计中，开放式的教学情境设计是很有必要的，这样可以留给学生一定的思考空间，结合学生认知水平来构建专属知识网络，并体验发现知识的乐趣，激发学生的学习热情。董一冰研究认为，在教学策略上，应当让学生参与到新课的课前预习、备课、讲课、课堂小结、反馈、评价中，可以使学生充分体会到自主学习的乐趣，促进学生的全面发展。宋奇慧研究认为参与式教学的评价应当具有多面性，在具有自身评价、小组评价和教师评价的同时，教师还应当关注教学方法、课堂效果等方向的评价，多方向、多角度的评价，可以避免挫伤学生学习积极性，增加学生学习的主动性，以达成学生学习可持续性发展目的。众多一线教师也正在结合自己学科的特色与学生的时代特点，围绕着参与式教学中学生的参与进行教学能力的提升，为自己教学设计和教学策略选择、教学评价等能力的优化展开了一系列理论研究和实践探索。

四、参与式教学在物流管理课程中的应用

（一）重构教学机制

在教学理念上，教师的角色由传授者转为引导者和共同参与者，学生的角色由被动的出席者、接受者转为积极的参与者、探索者和建构者，知识的获取也不再是信息的单向输入，而是通过学生之间互学及师生共学，让学生充分参与课堂，与教师形成盟友，共同参与教学目标的制定、教学方法的探索、教学效果的评价、教学内容的批判研讨。

在教学组织设计上，以培养知识、能力与素质协调提升，突出实践能力与创新精神，具有国际视野，能适应现代物流发展的高素质应用型人才为导向。教师可通过"小组合作，先学后导"的形式，激励学生主动融入课堂，发挥其主观能动性。在物流管理课程教学中，本着"组内差异化，组间同质化"的原则，科学组建学习小组，将全班学生分为若干个学习小组，并为每个小组取一个独特的团队名称，以更好地发挥团队凝聚力，同时设立组长一名，通过自主、合作、探究，形成一个联系紧密的学习共同体。课前，教师可精心设计四个问题，每两个小组选择一个问题展开深入学习；课堂上，先由每个小组向全班汇报小组讨论结果，若两个小组对同一个问题存在观点分歧，应由教师引导全班学生展开深入讨论，最后教师再进行深度总结。汇报小组最后的学习成绩由其他小组打分和教师

打分共同构成。在整个过程中，小组成员在积极参与和用心展示中实现了自我价值，在相互支持和思维碰撞中实现了知识内化和迁移。

（二）变革教学生态

参与式教学重构了学校的课堂生态系统，为学生创新创业能力的培养提供了良好的保障。它改变了传统教学中师生单一的角色，即在整个教学过程中每个人都是参与者、探索者和构建者，课堂由秩序导向转向文化导向，一个倾听、对话、欣赏、合作、表达、思辨的课堂生态正在形成。

参与式教学的课堂生态变革是一项复杂的系统工程，教师除了要精心安排教学内容，科学设置导向性问题，还应关注教学方式的优化，充分利用数据平台融合现代教育技术，将线上和线下充分结合起来，延展学习时空。例如，在物流管理课程的讲授中，采用"MOOC+雨课堂"，主要包括课前导学、课中研学、课后练学三个环节。课前，为学生布置学习任务，并根据教学大纲，设计紧扣教学目标的启发性问题，让学生通过 MOOC 平台完成雨课堂课前推送的预习内容，同时通过教学平台大数据分析，动态掌握学生的学习进度，并以小组为单位让学生讨论课前布置的问题。课中，根据学生课前的学习情况，对比较集中的疑难知识点进行深度讲解，并通过雨课堂的弹幕互动和投票功能，对学生知识点的掌握情况进行动态掌握，以灵活调整授课节奏。课后，根据课堂上的重点和难点，为学生推送练习题和深度拓展——主要是针对课堂测验中学生错误率比较高的知识点设计同类题目，从而使学生掌握核心知识点，并做到举一反三、触类旁通。此外，为了提高学生的实践能力，在实践教学环节中，可以依托相关的教学软件，让每个小组模拟注册一家公司，通过小组成员的协调配合，模拟完成企业的各项物流活动，并以最后实现的营业额为依据，评价小组经营的成果，同时进行一定的奖励。该实训环节其实是一个模拟创业的过程，情景模拟使整个物流活动变得鲜活，而通过紧张有序的竞赛，不仅能帮助学生对课堂上理论知识的理解和应用，而且还能培养学生的创新创业精神。

参 考 文 献

［1］ 胡延华，牟彤华，秦固.高职物流管理类专业实现"工学结合"的探索与实践 [M].大连：东北财经大学出版社，2011.

［2］ 庞燕.普通高等学校物流类学科专业创新人才培养模式的研究与实践.北京：中国物资出版社，2011.

［3］ 武晓钊.物流专业技能型人才分级培养与评价 [M].北京：中国经济出版社，2012.

［4］ 汪时珍，李亦亮.高校物流管理专业建设探索与实践 [M].合肥：合肥工业大学出版社，2013.

［5］ 朱重生，段春晖，高飞.高职物流管理专业服务区域经济发展的研究与实践 [M].合肥：合肥工业大学出版社，2013.

［6］ 郑志军.物流管理高技能人才培养探究 [M].广州：暨南大学出版社，2013.

［7］ 于鸿彬.物流服务与管理专业系统化建设实践与研究 [M].沈阳：沈阳出版社，2014.

［8］ 张敏.物流管理专业实践与指导 [M].北京：中国水利水电出版社，2015.

［9］ 丛连钢，伏斐，宋伦斌.物流管理专业教学标准 [M].重庆：重庆大学出版社，2015.

［10］ 汪传雷.高等学校物流管理专业建设和改革研究 [M].合肥：中国科学技术大学出版社，2015.

［11］ 王成林，贾美慧，王小亮.物流专业人才培养研究 [M].北京：中国财富出版社，2015.

［12］ 郭兆平.物流管理专业建设的实践与探索 [M].北京：经济管理出版社，2017.

［13］ 于丽静，杨丽，赵祥庆.山东省物流人才需求预测与培养策略研究 [M].济南：山东人民出版社，2017.

［14］ 李平．物流工程专业应用型人才培养 [M].北京：中国财富出版社，2017.

［15］ 王鹏．政校企协同推进高等职业教育"双证融通"人才培养改革探索与实践 [M].上海：上海交通大学出版社，2018.

［16］ 吴振顺．基于"卓越计划"的管理类专业人才培养模式改革研究 [M].成都：四川大学出版社，2018.

［17］ 邹绍辉．基于素能的物流管理人才培养模式 [M].北京：知识产权出版社，2019.

［18］ 赵启兰．物流实践能力培养与提升 [M].北京：机械工业出版社，2019.

［19］ 王珂．浅谈对新时代高职院校物流管理专业教师队伍建设的思考 [J].物流工程与管理，2019，41（12）：175-176.

［20］ 沙蓓蓓．基于区域产业协同视角下的高职物流管理专业群建设研究 [J].现代营销（信息版），2019（06）：173.

［21］ 刘晓燕．区域物流转型升级下物流管理专业的建设研究 [J].物流工程与管理，2019，41（11）：165-167.

［22］ 李明．高职院校物流管理专业课程体系建设研究 [J].产业与科技论坛，2020，19（14）：239-240.

［23］ 王晓伟，张翠花，成志平．高职物流管理专业建设存在的问题及对策分析 [J].中国物流与采购，2020（12）：67.

［24］ 折贝．高职院校物流管理专业教学资源建设探析 [J].农家参谋，2020（15）：162.

［25］ 陈亮．高职院校物流管理专业教师队伍建设 [J].石家庄职业技术学院学报，2020，32（1）：12-14.

［26］ 李鹏．高职院校物流管理专业内涵建设浅析 [J].公关世界，2020（2）：153-154.

［27］ 贵婷．智慧物流背景下高职院校物流管理专业建设分析 [J].中国物流与采购，2020（2）：50-51.

［28］ 王冬梅．基于1+X 证书制度的高职物流管理专业建设探索 [J].产业与科技论坛，2020，19（14）：241-242.